上海大学
SHANGHAI UNIVERSITY

2025

WOMEN ZHE SHINIAN

DAGUOFANGLUE XILIE KECHENG JIYI

2014—2024

我们这十年

大国方略系列课程记忆

(2014—2024)

顾晓英　主编

上海大学出版社

·上海·

2025

1月

January

“大国方略”课堂上认真听讲的学生

1月

January

星期三 Wednesday

元旦

十二月初二

记事

2017年1月2日　“创新中国”课程团队前往浙江省德清县，与德清县领导签约，成立“德清研究院”。

2018年1月2日　2017—2018学年冬季学期“时代音画”“国歌如何一路走来？”公开课开讲（王勇主讲，顾晓英主持），上海大学党委书记金东寒听课，CCTV焦点访谈记者前来采访。

2019年1月2日　“立德树人　课程思政　党员先行”：党建启动结对仪式在上海大学举行，陆甦颖、聂永有、彭章友、顾晓英等出席。

1月　　January

星期四　Thursday

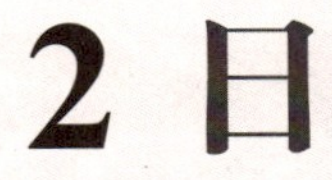

十二月初三

2018年1月3日　2017—2018学年冬季学期“创新中国”第四课“人工智能，中国怎么走？”超星直播课开讲（顾骏、郭毅可主讲，顾晓英主持）。

1月

January

星期五 Friday

3日

十二月初四

记事

2017年1月4日　2016—2017学年冬季学期“创新中国”第六课“人类能创新自己吗？”开讲（肖俊杰、许斌主讲）。

2018年1月4日　2017—2018学年冬季学期“经国济民”第四课“经国济民与国民幸福——‘幸福都是奋斗出来的’”开讲（陈秋玲、许玲丽主讲，尹应凯主持）。

1月 January

星期六 Saturday

4日

十二月初五

记事

2018年1月5日　广西壮族自治区高校教育系统意识形态工作培训班在广西大学举办，顾骏、顾晓英作专题报告。

2021年1月5日　2020—2021学年冬季学期“创新中国”第四课“坚持创新核心地位　实现科技自主自强”公开课开讲（胡大伟、邓小勇、王潮主讲，顾晓英主持）。

1月 January

星期日 Sunday

5日

十二月初六 小寒

2015年1月6日　2014—2015学年冬季学期“大国方略”第八课“中国能第一口咬到苹果吗？”开讲（顾骏、刘寅斌、顾晓英主讲）。

2016年1月6日　2015—2016学年冬季学期“创新中国”第七课“人类能创新自己吗？”开讲（肖俊杰、方守狮主讲，顾骏、顾晓英主持）。

1月　January

星期一　Monday

6 日

十二月初七

2019年1月7日　2018—2019学年冬季学期“人文智能”第七课“先验知识，机器会算八卦吗？”开讲（顾骏主讲）。

上海大学集中展示一批思政微课精品

来源：新民晚报　作者：王蔚　2021-01-07 09:48:36

新民晚报讯（记者 王蔚）上海大学日前举行课程思政示范课（专业课）微课教学展示活动，16门示范课程负责人依次作了精品微课教学展示。上大党委副书记欧阳华说，要营造出所有教师齐心合力做好课程思政的良好氛围，并把这氛围传递到每一位思政课教师和其他专业课教师。

图说：16门示范课程负责人依次作了精品微课教学展示 上大供图/下同

上大教务部常务副部长彭章友，副部长、教发中心主任、考评办主任辛明军，教发中心副主任袁晓君，教师工作部常务副部长谢宝婷和来自各院系40多名师生参与了活动。上大教务部副部长、上海市思政课名师工作室“顾晓英工作室”主持人顾晓英说，微课10分钟，凝聚了专业课教师对专业课程的内涵理解和对思政要素的体悟。

2021年1月7日　“新民晚报”报道《上海大学集中展示一批思政微课精品》的消息。

1月

January

星期二 Tuesday

7日

十二月初八

2018年1月8日　“人工智能”课程团队集体备课。

2021年1月8日　贵州省普通本科高校课程思政建设工作视频会召开，顾晓英应邀作专题讲座，介绍上海大学“大国方略”系列课程建设经验。

2024年1月8日　上海大剧院艺术中心副总裁、上海文化广场剧院管理有限公司总经理张洁做客2023—2024学年冬季学期“创业人生”第七课“从有形到无形，文化广场‘不设限’的场域追求”（刘寅斌主持）。

1月

January

星期三　Wednesday

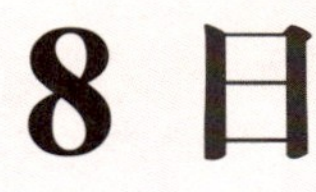

十二月初九

2023年1月9日　《上海市教育委员会关于公布2022年度上海高等学校一流本科课程认定结果的通知》发布，上海大学共有22门课程被认定为2022年度上海高等学校一流本科课程，其中，上海大学上海电影学院“光影中国”课程作为线下课程，被认定为2022年度上海高等学校一流本科课程。

January

星期四 Thursday

9 日

十二月初十

记事

文化 12

人民日报

思政课 叫人怎能不爱听

2018年1月10日　《人民日报》刊登《〈治国理政〉〈中国智慧〉〈时代音画〉……名师大家讲大势、解困惑，上海高校——思政课 叫人怎能不爱听》的消息。

2022年1月10日　2021—2022学年冬季学期“创新中国”第六课“创新表达方式　传播民族文化”开讲（虞国芳主讲，顾晓英主持）。

1月

January

星期五 Friday

10日

十二月十一

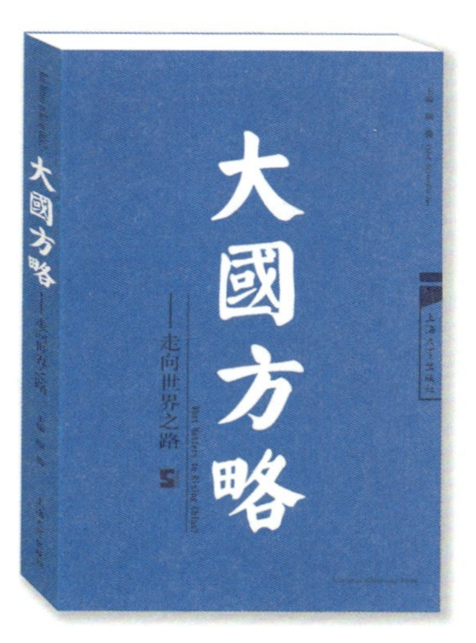

《大国方略——走向世界之路》
顾骏　主编
上海大学出版社出版

《大国方略课程直击》
顾晓英　编
上海大学出版社出版

1月

January

星期六 Saturday

11日

十二月十二

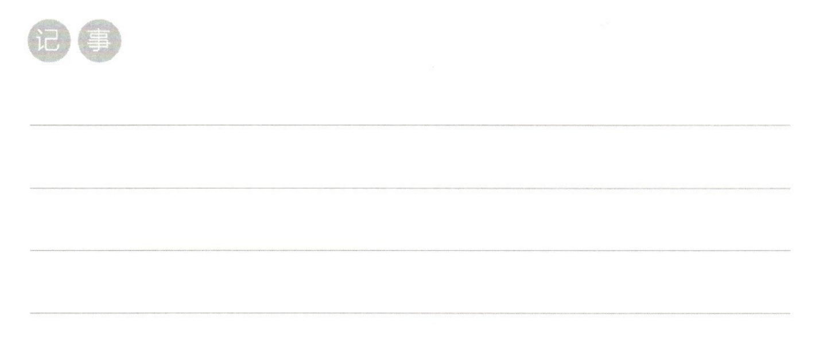

2022年1月12日　上海大学举办“强基固本　培根铸魂”一年级公共基础课和通识类课程质量提升研讨会暨第58期教师教学沙龙。

2024年1月12日　上海高校课程思政系列圆桌研讨会：通识教育的课程思政融合创新改革研讨会在上海外国语大学召开，顾晓英应邀介绍上海大学课程思政系列课程建设经验；淮南师范学院马克思主义学院原院长吴玉才和党委书记庞秀艳访问上海大学，顾晓英接待来访嘉宾，商议淮南师范学院加入全国高校党史类课程联盟事宜。

1月

January

星期日　Sunday

12日

十二月十三

记事

2015年1月13日　2014—2015学年冬季学期“大国方略”第九课“中国会被全球化淹没吗？”开讲（顾骏、刘寅斌、李梁主讲，顾晓英主持）。

2016年1月13日　2015—2016学年冬季学期“创新中国”第八课“创新也能买保险吗？”开讲（尹应凯、许春明主讲，顾骏、顾晓英主持），上海应用技术学院李国娟一行听课观摩。

1月

January

星期一 Monday

13日

十二月十四

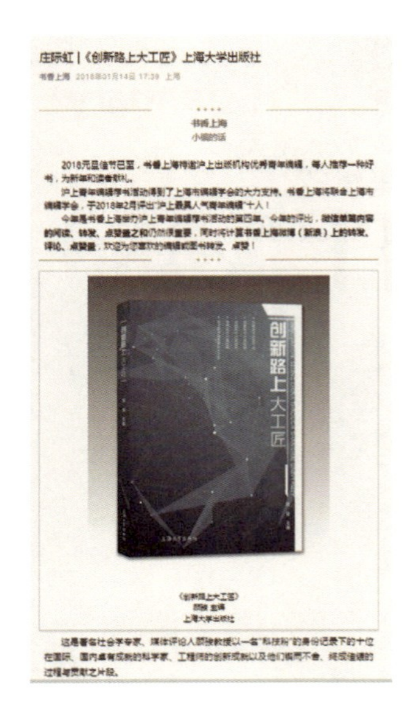

庄际虹 |《创新路上大工匠》上海大学出版社

书香上海 2018年01月14日 17:39 上海

书香上海

小编的话

2018元旦佳节已至，书香上海特邀沪上出版机构优秀青年编辑，每人推荐一种好书，为新年和读者献礼。

沪上青年编辑荐书活动得到了上海市编辑学会的大力支持。书香上海将联合上海市编辑学会，于2018年2月评出"沪上最具人气青年编辑"十人！

今年是书香上海举办沪上青年编辑荐书活动的第四年。今年的评比，微信单篇内容的阅读、转发、点赞量之和仍然很重要，同时将计算书香上海微博（新浪）上的转发、评论、点赞量，欢迎为您喜欢的编辑或图书转发、点赞！

《创新路上大工匠》

顾骏 主编

上海大学出版社

这是著名社会学专家、媒体评论人顾骏教授以一名"科技粉"的身份记录下的十位在国际、国内卓有成就的科学家、工程师的创新成就以及他们锲而不舍、持续增进的过程与贡献之片段。

2018年1月14日

“书香上海”推荐《创新路上大工匠》一书。

2024年1月14日　内蒙古自治区教育厅举办第三届全区本科高校课程思政教学比赛，顾晓英应邀担任评委。

1月

January

星期二 Tuesday

14日

十二月十五

记事

2024年1月15日　2023—2024学年冬季学期“美丽中国”第八课“中国高铁，新时代跑出新速度”开讲（胡大伟主讲，顾晓英主持）；头部游戏公司职员罗逸、加州伯克利大学计算机专业在读生徐帆、上海春秋航空公司职员肖智戈做客2023—2024学年冬季学期“创业人生”第八课“从‘创业人生’走出去的年轻人们”（刘寅斌主持）。

1月

January

星期三　Wednesday

15日

十二月十六

记事

2018年1月16日　上海大学党委书记、校长金东寒在全国加强新时代高校思想政治理论课建设现场推进会上作经验交流；“时代音画”“从学堂乐歌到‘红歌’”公开课开讲（王勇、顾晓英主讲，李建林演唱），上海大学党委书记、校长金东寒陪同教育部教师工作司司长、教育部教指委专家听课。

1月

January

星期四 Thursday

16日

十二月十七

记事

2018年1月17日　2017—2018学年冬季学期“创新中国”第六课“创新如何从纸变成钱？”开讲（王国中、蔡传兵主讲，顾晓英主持）。

1月

January

星期五 Friday

17日

十二月十八

2021年1月18日　Fulltime Coffee品牌创始人王家云做客2020—2021学年冬季学期“创业人生”第八课“吃吃喝喝的创业路”（刘寅斌、顾晓英主持）。

2024年1月18日　由教育部高等教育司指导、全国高校教师网络培训中心和清华大学课程思政教学研究中心主办的第三届课程思政教学研究示范中心建设研讨会在清华大学召开，教育部高等教育司副司长武世兴、清华大学副校长彭刚以及15个普通高等教育课程思政教学研究示范中心的负责人和专家出席会议，武世兴致辞，顾晓英作交流发言。

1月

January

星期六 Saturday

18日

十二月十九

2021年1月19日　2020—2021学年冬季学期“创新中国”第六课“坚持创新核心地位　实现科技自主自强”开讲（岳涛、丁基恒、兰伟霞主讲，顾晓英主持）。

1月

January

星期日 Sunday

19日

十二月二十

记事

2015年1月20日　2014—2015学年冬季学期“大国方略”第十课“‘大国方略’与青年机遇”开讲（顾骏、顾晓英主讲），聂永有、张丹华、李梁、王蔚、刘寅斌、许春明等听课观摩。

1月 January

星期一 Monday

20日

十二月廿一 大寒

2021年1月21日　2020—2021学年冬季学期“光影中国”第八课“中国根脉”开讲（徐文明、林少雄主讲）。

1月

January

星期二　Tuesday

21日

十二月廿二

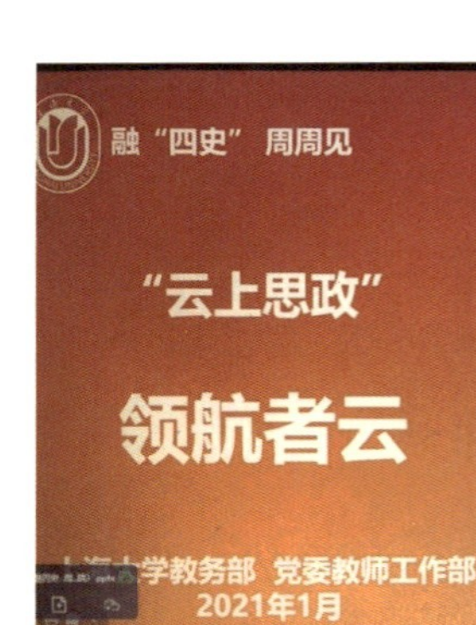

2021年1月22日　上海大学举办第14期“融‘四史’周周见：‘云上思政’领航者云”活动，本次轮值单位上海市课程思政领航学院美术学院党委书记陈静分享学院课程思政总体建设思路举措与成效，“版画写生”课程负责人桑茂林分享上海市一流实践课程、上海大学课程思政示范课程建设经验，西安、天津等地的高校教师线上参与。

1月 January

星期三 Wednesday

22日

十二月廿三

记事

“创新中国”课堂上认真听讲的学生

1月

January

星期四 Thursday

23日

十二月廿四

2018年1月24日　2017—2018学年冬季学期“创新中国”第七课“如何让中国电影更具全球竞争力”“传统文人生活与当代手工艺创新”开讲（刘海波、胡建君主讲）。

1月

January

星期五　Friday

24日

十二月廿五

2024年1月25日　上海大学第五届女教授联谊会理事迎春恳谈会召开，顾晓英、程晋荣、常峻交流课程思政建设体会。

1月

January

星期六　Saturday

25日

十二月廿六

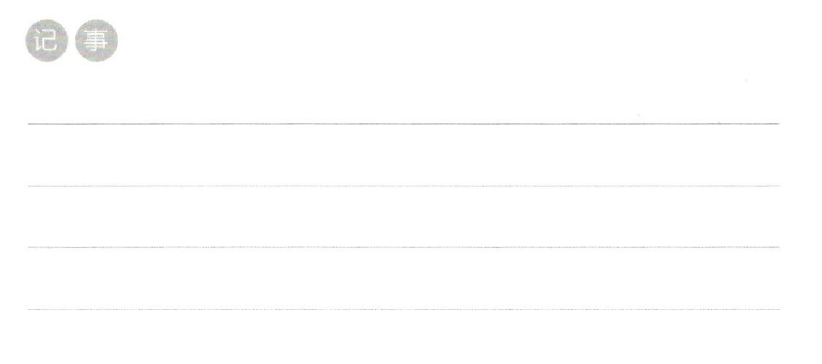

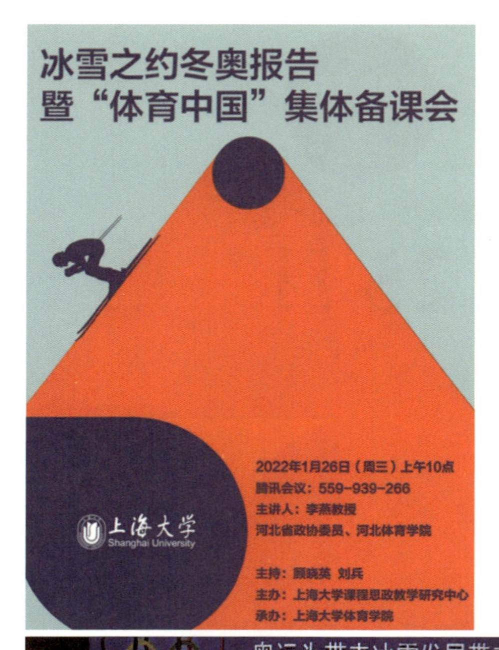

2022年1月26日　冰雪之约冬奥报告暨“体育中国”集体备课会在线上召开（河北体育学院教授李燕主讲，刘兵、顾晓英主持）。

1月

January

星期日　Sunday

26日

十二月廿七

记事

中国新闻网 | 上海
www.sh.chinanews.com(上海新闻网)

上海大学举办“冰雪之约”北京冬奥报告会 暨“体育中国”集体备课会

2022年01月27日 19:15　来源：中新网上海

中新网上海新闻1月27日电(殷晓 许婧)“冰雪之约”北京冬奥暨“体育中国”集体备课会26日通过线上会议召开。此次会议，由上海大学课程思政教学研究中心主办、上海大学体育学院承办。

河北省政协委员、河北体育学院李燕教授应邀作了题为“引领与践行：冬奥助推冰雪发展的思考”主旨报告。上海大学教务部副部长、教育部课程思政教学研究示范中心负责人顾晓英和上海大学体育学院院长刘兵联袂主持，来自校内外的70余名师生线上参与。

李燕教授围绕“引领与践行——冬奥助推冰雪运动发展的思考”这一主题，从四个方面为大家作了介绍。

首先，李燕老师分析了冬奥会为中国带来冰雪运动发展带来了历史性机遇。进入冬奥周期之后，我国在推动冰雪运动发展上所做了许多扎实有效的工作。在两项《规划》指导和引领下，全面推进“南展西扩”战略，形成“引领带动，三区协同，多点扩充”的发展格局，成功实现了带动三亿人参与冰雪运动这一宏伟目标。落实了五项任务举措，推进了三项重点工程，出台了六项保障措施，加大了供给，全面保障冰雪运动的需求。

其次，李燕老师介绍了在“绿色、共享、开放、廉洁”办奥理念下，冬奥会的场馆建设。她分别介绍了北京赛区的6个场馆、延庆赛区的2个场馆、张家口赛区的4个场馆，展示了我国冬奥场馆建设中“既注重赛事需要，又注重环境保护，同时考虑赛后利用”的设计理念，努力打造值得传承、造福人民的永久资产。通过采用干血点(DBS)兴奋剂检测、AI机器人、5G+4k/8k超高清云转播、“腋下创可贴”体温检测、“冬奥大脑”等技术，突出了“科技、智慧、低碳”的北京冬奥亮点。

2022年1月27日　“中国新闻网”报道《上海大学举办“冰雪之约”北京冬奥报告会暨“体育中国”集体备课会》的消息。

1月

January

星期一　Monday

27 日

十二月廿八

记 事

2021年1月28日　“时代音画”课程团队举办集体备课会暨迎新年活动，纪晔晔、卿扬、袁勤、还国志、顾晓英等出席。

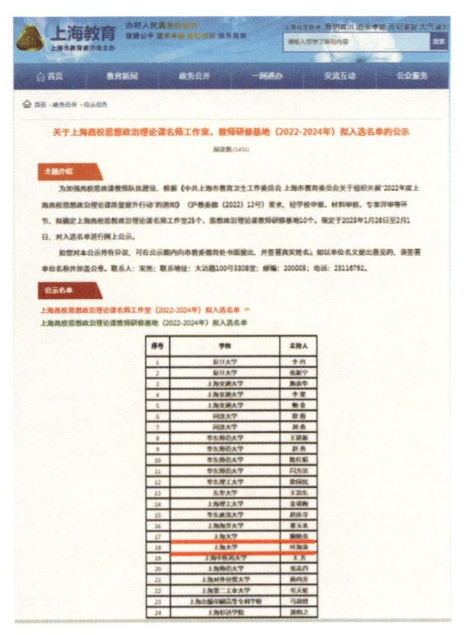

上海教育

首页　教育新闻　政务公开　一网通办　交流互动　公众服务

关于上海高校思想政治理论课名师工作室、教师研修基地（2022-2024年）拟入选名单的公示

主题介绍

为加强高校思政课教师队伍建设，根据《中共上海市教育卫生工作委员会 上海市教育委员会关于组织开展“2022年度上海高校思想政治理论课质量提升行动”的通知》（沪教委德〔2022〕12号）要求，经学校申报、材料审核、专家评审等环节，拟确定上海高校思想政治理论课名师工作室25个、思想政治理论课教师研修基地10个。现定于2023年1月28日至2月1日，对入选名单进行网上公示。

如您对本公示持有异议，可在公示期内向市教委德育处书面提出，并签署真实姓名。如以单位名义提出意见的，请签署单位名称并加盖公章。联系人：宋亮；联系地址：大沽路100号3308室；邮编：200003；电话：23116792。

公示名单

上海高校思想政治理论课名师工作室（2022-2024年）拟入选名单

上海高校思想政治理论课教师研修基地（2022-2024年）拟入选名单

序号	学校	主持人
1	复旦大学	李冉
2	复旦大学	张新宁
3	上海交通大学	[illegible]
4	上海交通大学	[illegible]
5	上海交通大学	[illegible]
6	同济大学	[illegible]
7	同济大学	[illegible]
8	华东师范大学	[illegible]
9	华东师范大学	[illegible]
10	华东师范大学	[illegible]
11	华东师范大学	闫方洁
12	华东理工大学	[illegible]
13	东华大学	王治东
14	上海理工大学	[illegible]
15	华东政法大学	赵庆寺
16	上海海洋大学	[illegible]
17	上海大学	顾晓英
18	上海大学	叶海涛
19	上海中医药大学	[illegible]
20	上海师范大学	张志丹
21	上海对外经贸大学	[illegible]
22	上海第二工业大学	[illegible]
23	上海出版印刷高等专科学校	[illegible]
24	上海杉达学院	[illegible]

2023年1月28日
上海市教育委员会《关于上海高校思想政治理论课名师工作室、教师研修基地（2022—2024年）拟入选名单的公示》发布，上海大学顾晓英名师工作室、叶海涛名师工作室入选。

1月 January

星期二 Tuesday

28日

除夕

十二月廿九

记事

2018年1月29日　梅霖和叽里呱啦创始人许可欣、谢尚毅做客2017—2018学年冬季学期“创业人生”第七课“从0到1，打造千万用户App的酸甜苦辣”（刘寅斌主持）。

1月

January

星期三 Wednesday

29日

春节

一月初一

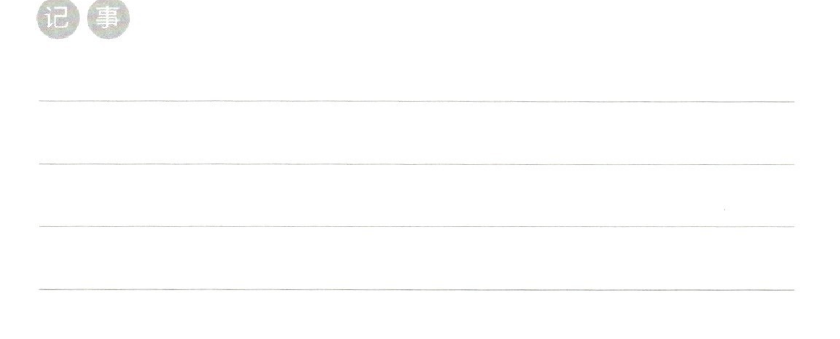

2018年1月30日　上海大学教务处召开冬季学期教学工作会议，研讨教学成果奖培育。

1月 January

星期四 Thursday

30日

一月初二

2018年1月31日　2017—2018学年冬季学期“创新中国”第八课“创新只是灵机一动吗？”开讲（赵兵、袁浩主讲，顾晓英主持）。

1月

January

星期五 Friday

31日

一月初三

2025

2月

February

2018年2月1日　2017—2018学年冬季学期“经国济民”第八课“创新引领、创新保障与经济发展”开讲（镇璐、许春明主讲，尹应凯主持）。

February

星期六 Saturday

1日

一月初四

记事

2018年2月2日　中央电视台焦点访谈栏目报道“大国方略”课堂教学创新（顾骏、顾晓英主讲）。

2月 February

星期日　Sunday

2日

一月初五

记事

《创新路上大工匠》
顾骏　主编
上海大学出版社出版

《创新中国课程直击》
顾晓英　编著
上海大学出版社出版

2月

February

星期一 Monday

3日

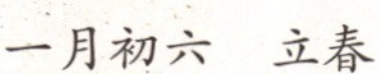

“大国方略”课堂，上海市本科教学教师激励计划专家组前来看课

February

星期二　Tuesday

4 日

一月初七

记事

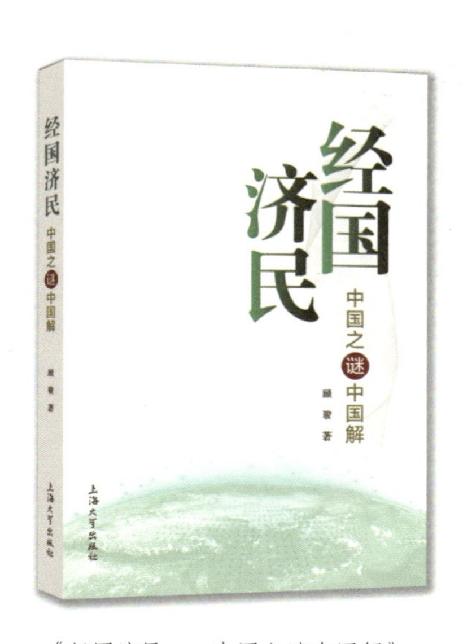

《经国济民——中国之谜中国解》
顾骏 著
上海大学出版社出版

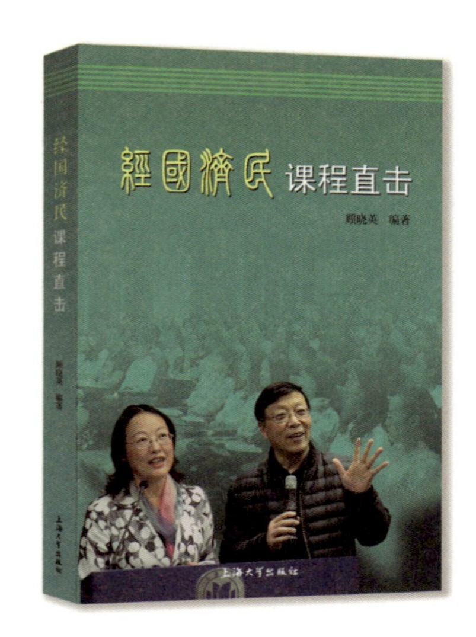

《经国济民课程直击》
顾晓英 编著
上海大学出版社出版

February

星期三 Wednesday

5日

一月初八

记事

2016年2月6日　“大国方略”课程团队集体备课。

February

星期四 Thursday

一月初九

记事

2023年2月7日　2022—2023学年冬季学期“美丽中国”第七课“美丽中国：人与自然是生命共同体”开讲（叶海涛主讲）。

2月

February

星期五 Friday

7日

一月初十

记事

“创新中国”课堂上师生互动

2月 February

星期六 Saturday

8日

一月十一

记事

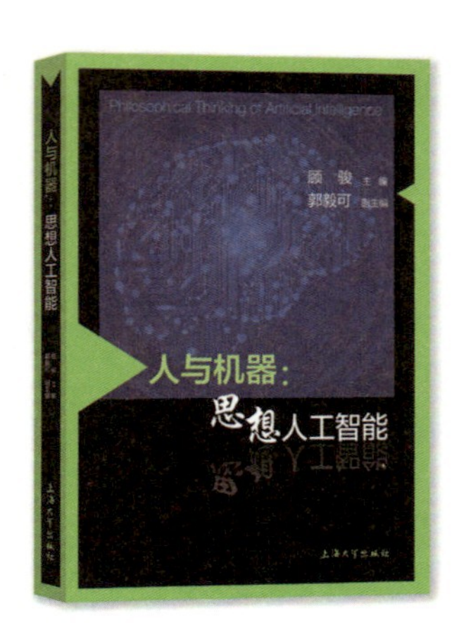

《人与机器：思想人工智能》
顾骏　主编　郭毅可　副主编
上海大学出版社出版

《意志与责任：法律人工智能》
顾骏　许春明 等　著
上海大学出版社出版

《人工智能课程直击》
顾晓英　编著
上海大学出版社出版

2月 February

星期日 Sunday

9日

一月十二

记事

“创业人生”课堂上认真听讲的学生

2月

February

星期一　Monday

10日

一月十三

记事

中华人民共和国教育部

Ministry of Education of the People's Republic of China

当前位置：首页 > 公开

教育部思想政治工作司关于2022年度高校思想政治工作有关培育建设项目遴选结果的公示

根据《教育部思想政治工作司关于启动2022年度高校思想政治工作有关培育建设项目申报工作的通知》（教思政司函〔2021〕8号）要求，经组织推荐、资格审核、专家遴选等程序，现将遴选结果予以公示。公示期为2022年2月11日至2月17日。

公示期间，如有异议，请与教育部思政司联系。

联系人及电话：刘广乐010-66092064，王磊010-66096328，电子邮箱：szc@moe.edu.cn。

附件：1.2022年高校思想政治工作精品项目公示名单

2.2022年高校思想政治工作中青年骨干队伍建设项目公示名单

2022年2月11日　“中华人民共和国教育部”公示2022年高校思想政治工作精品项目，上海大学“大国方略系列品牌课程的探索与实践”入选。

2月 February

星期二 Tuesday

11日

一月十四

记事

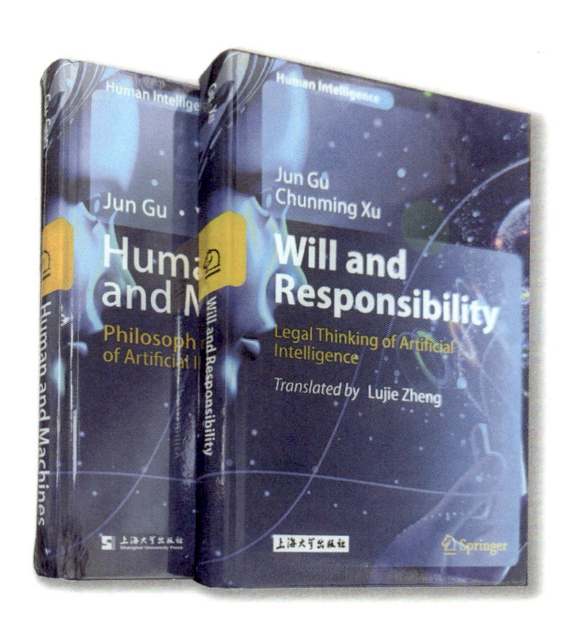

《意志与责任：法律人工智能》
顾骏　许春明 等　著
上海大学出版社出版
英文版版权输出到施普林格
《Will and Responsibility: Legal Thinking of Artficial Intelligence》
Springer

《人与机器：思想人工智能》
顾骏　主编　郭毅可　副主编
上海大学出版社出版
英文版版权输出到施普林格
《Human and Machines: Philosophical Thinking of Artificial Intelligence》
Springer

February

星期三　Wednesday

12日

一月十五

记事

礼敬中华 优秀传统文化

第三届“礼敬中华优秀传统文化”系列活动示范项目名单

学校	项目名称
北京航空航天大学	践行经典通识之道 感悟中华文明之美 ——北航知行文科试验班“文化游学”实践项目探索
中国石油大学（北京）	依托“三走三学” 传承家国情怀
首都经济贸易大学	礼敬中华传统文化 打造“1234”育人工程
吉林大学	以青年文化书院为载体开拓优秀传统文化育人新阵地
哈尔滨工业大学	坚持航天梦引领 精育追梦人方阵 ——哈尔滨工业大学打造航天文化育人体系
同济大学	滋养浩然正气 点燃信仰明灯 ——同济大学创新手段传唱、传播、传承“红岩精神”
上海大学	从“大国方略”到“创新中国” ——上海大学成功打造“中国”品牌课
华中科技大学	[illegible] ——华中科技大学“礼敬中华优秀传统文化”系列活动
中南大学	升华爱国情怀 共践核心价值观 ——中南大学国旗班20年筑梦路
西藏大学	爱国情 强国志 报国行 ——西藏大学举行系列礼敬中华优秀传统文化活动

2017年2月13日　教育部公布第三届“礼敬中华优秀传统文化”系列活动示范项目名单，上海大学“从‘大国方略’到‘创新中国’——上海大学成功打造‘中国’品牌课”入选。

2023年2月13日　2022—2023学年冬季学期“创新中国”第八课“数字中国与国中创新”公开课开讲（顾晓英、殷凤、上海工程技术大学教授王国中主讲）；于夫、孙云龙做客2022—2023学年冬季学期“创业人生”第八课“如何从‘口吃患者’成长为‘脱口秀演员’：人生的巧克力藏在各种地方”（刘寅斌主持）。

2月 February

星期四 Thursday

13日

一月十六

记事

《生命智能》
肖俊杰主编
上海大学出版社出版

《生命智能课程直击》
顾晓英编著
上海大学出版社出版

2月

February

星期五 Friday

14日

一月十七

记事

2017年2月15日　2016—2017学年冬季学期“创新中国”第七课“技术创新如何突破创新悖论？”开讲（张新鹏、牟成博主讲）。

2月

February

星期六　Saturday

15日

一月十八

记事

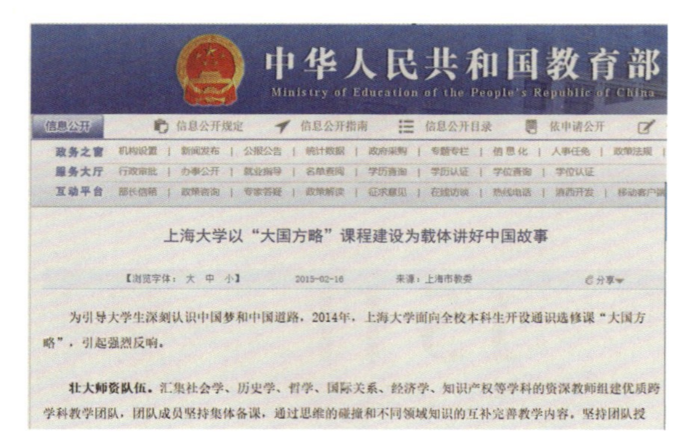

中华人民共和国教育部
Ministry of Education of the People's Republic of China

信息公开 | 信息公开规定 | 信息公开指南 | 信息公开目录 | 依申请公开

政务之窗 机构设置 | 新闻发布 | 公报公告 | 统计数据 | 政府采购 | 专题专栏 | 信息化 | 人事任免 | 政策法规

服务大厅 行政审批 | 办事公开 | 就业指导 | 名单查询 | 学历查询 | 学历认证 | 学位查询 | 学位认证

互动平台 部长信箱 | 政策咨询 | 专家答疑 | 政策解读 | 征求意见 | 在线访谈 | 热线电话 | 滇西开发 | 移动客户端

上海大学以“大国方略”课程建设为载体讲好中国故事

【浏览字体：大 中 小】 2015-02-16 来源：上海市教委 分享

为引导大学生深刻认识中国梦和中国道路，2014年，上海大学面向全校本科生开设通识选修课“大国方略”，引起强烈反响。

壮大师资队伍。汇集社会学、历史学、哲学、国际关系、经济学、知识产权等学科的资深教师组建优质跨学科教学团队，团队成员坚持集体备课，通过思维的碰撞和不同领域知识的互补完善教学内容。坚持团队授

2015年2月16日　“中华人民共和国教育部”报道《上海大学以“大国方略”课程建设为载体讲好中国故事》的消息。

2023年2月16日　上海大学举办2022年度党史学习教育与课程相融合课程建设阶段性成果展示暨第68期教师教学沙龙，上海市党史学会副会长徐光寿，上海社会科学院教授、新华社上海分社咨询专家余建华，复旦大学马克思主义学院教授杨宏雨，上海《宣传通讯》编辑部执行主编吕东卉等现场指导。

2月 February

星期日 Sunday

16日

一月十九

记事

2023年2月17日　上海大学举办示范领航：党的二十大精神进课堂——上海大学课程思政名师工作室主持人论坛，校党委常委、宣传部部长胡大伟出席，教育部课程思政教学名师复旦大学教授石磊、华东师范大学教授周立旻、上海中医药大学教授张黎声等现场指导。

2月 February

星期一 Monday

17日

一月二十

记事

上海高校“礼敬中华优秀传统文化”系列活动巡礼

文化，是一个民族生存和发展的重要力量。博大精深的中国传统文化，为每个中国人打上了精神烙印，也是每一个人精神滋养的源泉。中华传统文化的最核心内容也已成为中华民族最基本的文化基因，学习和掌握其中的各种思想精华，对树立正确的世界观、人生观、价值观很有益处。而且，年轻人对传统文化理解的深刻与认同，将深刻地影响我们民族的未来。加强中华优秀传统文化教育，关系中华民族的“根”之所系、“魂”之所牵。

上海市教卫工作党委、上海市教委围绕立德树人根本任务，充分发挥中华优秀传统文化育人功能，扎实推进社会主义核心价值观落细落小落实。通过开展校园文化活动、组织校园文艺创作、策划文化主题实践等加强载体建设，连续五年开展“礼敬中华优秀传统文化”系列活动。

五年来，全市各高校积极响应，创新实践，取得了良好的社会反响。部分项目在教育部举办的传统文化教育项目挖掘与推广活动中成为示范、特色展示项目，为进一步推进中华优秀传统文化教育提供了示范。这些丰富多彩的活动，不仅使传统文化在高校校园里得到了充分展示和传承，并辐射到全社会。

复旦大学 从京昆融入大学文化到着力打造以书院为载体的传统文化育人大平台

上海交通大学 首创“堂[TANG]”世界博物馆馆长讲堂，让全球年轻人用同一种语言讲好中国故事

▲“堂[TANG]·世界博物馆馆长文博讲堂”现场

同济大学 从有形的“闻学堂”构建到将传统文化推广到全国高校校园

2014-2017年上海入选教育部“礼敬中华优秀传统文化示范和特色展示项目”高校

2014年获奖名单

国粹生香 薪火相传
——复旦大学致力于京昆教育融入大学文化
（荣获第一届“礼敬中华优秀传统文化”系列活动示范项目称号）

闻见学行 育心化人
——同济大学构建“闻学堂”平台传承弘扬中华优秀传统文化
（荣获第一届“礼敬中华优秀传统文化”系列活动特色展示项目称号）

引领诗歌新风 礼敬传统文化
——上海交通大学以“全球华语朗诵大赛”为载体的传统文化传承项目
（荣获第一届“礼敬中华优秀传统文化”系列活动示范项目称号）

内化经典文化为校园文化 传播中华文化为世界文化
——华东理工大学中华优秀传统文化传承与弘扬项目
（荣获第一届“礼敬中华优秀传统文化”系列活动特色展示项目称号）

赓百年文脉 塑海大精神
——上海海洋大学利用历史文化长廊传承和弘扬中华传统文化
（荣获第一届“礼敬中华优秀传统文化”系列活动特色展示项目称号）

挖掘和激活中华优秀传统文化育人资源
——华东师范大学在优雅学府中培育栋梁人才
（荣获第一届“礼敬中华优秀传统文化”系列活动特色展示项目称号）

2015年获奖名单

礼敬中华，书香满园
——复旦大学坚持十年开展通识教育“经典读书计划”

研读经典 修德笃行
——同济大学“复兴古典书院”建设
（荣获第二届“礼敬中华优秀传统文化”系列活动特色展示项目称号）

书香溢四方，经典正流传
——上海交通大学构建人文经典书香生态系统
（荣获第二届“礼敬中华优秀传统文化”系列活动特色展示项目称号）

汲取传统文化精华 引领学生励志明德
——华东理工大学15载优秀传统文化进课堂项目

传承国学经典 打造儒雅校园
——上海理工大学“尚理国学”弘扬优秀传统文化活动

构建优化第二课堂
——华东师范大学深入开展传统文化教育活动

融国际视野，弘中华文脉
——上海外国语大学用多语种讲述中国故事，借互联网传播中华文化

2016年获奖名单

用校史资源涵养师生爱国之情、强国之志、报国之行
——复旦大学

滋养浩然正气 点燃信仰明灯
——同济大学创新手段传唱、传播、传承“红岩精神”

“国魂”弘扬钱学森精神，探索爱国主义教育新思路
——上海交大钱学森图书馆五年打造爱国主义教育[illegible]

坚持“四个融入”传承弘扬红色文化基因
——华东理工大学把“长征精神”
融入课堂、融入实践、融入网络、融入校园文化

承扬传统文化精髓 涵养爱国主义情怀
——上海理工大学

打造“大师剧”文化品牌 传承弘扬大学精神
——东华大学原创校园大师剧《钱宝钧》的探索与实践

依托优秀校园文化建设 弘扬学生孝道教育
——上海应用技术大学

“百年潮，海大梦”品读海大校园文化讲解活动
——上海海洋大学

“史”承文化，“剧”写青春
——华东师范大学“青史杯”全国历史剧剧本征集大赛暨历史剧展演

多语种讲述中国故事 多渠道培育文化自信
——外语高校校传统文化育人路径的构建（上海外国语大学）

坚守特色，传承创新
——上海财经大学加强中华优秀传统文化教育的基本经验

“弘扬传统武文化 彰显民族真精神”
——上海体育学院首届中国武术非物质文化遗产项目展演及研讨会

从“大国方略”到“创新中国”
——上海大学成功打造“中国”品牌课

2017年获奖名单

立德树人 国风雅致
——复旦大学着力打造以书院为载体的传统文化育人大平台

倾听世界回响 讲好中国故事
——上海交通大学首创
“堂【TANG】-世界博物馆馆长文博讲堂”文博育人新载体

汲取传统文化精华 引领学生励志明德
——华东理工大学16载坚持推进优秀传统文化进课堂

弘扬传统文化习俗 激发爱国爱乡热情
——上海海事大学举办“家乡美”主题活动
推动中华优秀传统文化传承发展

上海应用技术大学“孝亲爱母立德修身”中华母亲节

华东师范大学民族传统节日校园传承

上海师范大学创新“三位一体”协同育人机制
——传承发展中华优秀传统文化

连结世界网民，讲述中国故事
——上海外国语大学“中国青年工作室”运用互联网讲述中国故事

传承传统商学 普及财经知识 践行商业伦理
——上海财经大学以商学博物馆为枢纽 推动大学文化育人

创新形式 传承经典，甄乎人文 化成天下
——上海对外经贸大学

践行城市精神，传承创新海派文化
——上海大学“[illegible]”海派文化传习活动[illegible]

华东师范大学 挖掘和激活中华优秀传统文化育人资源，在优雅学府中培育栋梁人才

上海大学 从“大国方略”到“创新中国”

2014—2015学年冬季学期，上海大学就在全国率先推出通识选修课“大国方略”，随后又陆续开出“创新中国”“创业人生”等系列课。通过“上大课、讲大势、传大道”，引领学生站在世界看中国，积极回应学生对国家的关切，培养学生从容的大国自信和坚定理想。备受青年学生欢迎，不时引发“抢课潮”。

95后大学生胸怀梦想、勇于追梦。他们的思维敏捷、视野开阔，对许多问题有着自己的认知。

为引导学生完整、全面地认识中国，上海大学策划并经营“大国方略”，注重“把理论融入故事，用故事讲述道理，以道理赢得认同。”“大国方略”立足中国经验和民族命运、人类面临的共同问题和大学生家国情怀，讲好中国故事。

“大国方略”系列“中国”品牌课打破以往思政教师“单兵作战”的局面，形成合力育人的氛围，把社会主义核心价值观教育拓展到大学四年全时段全过程全课程。

“大国方略”系列课开课以来，学生纷纷出现“一座难求”。学生感慨“‘大国方略’竟然可以这么讲！”。2016年秋季，“创新中国”慕课第一次上线就获得全国200所大学订购，约11万名大学生选修。

上海海洋大学 赓百年文脉 塑海大精神，用历史文化长廊传承和弘扬中华优秀传统文化

2019年2月18日 《文汇报》刊登《上海高校“礼敬中华优秀传统文化”系列活动巡礼——上海大学：从“大国方略”到“创新中国”》。

2月

February

星期二　Tuesday

18日

一月廿一　雨水

记事

光明日报

打开

“党的二十大精神进课堂”，上海大学举办课程思政名师工作室主持人论坛

光明日报客户端 光明日报全媒体记者 任鹏 2023-02-19 19:28

2月17日，教育部课程思政教学研究示范中心（上海大学）举办“示范领航 讲好大思政课：上海大学课程思政名师工作室主持人论坛”。主持人和嘉宾们分享经验，讨论在新发展阶段如何讲好“大思政课”。

2023年是全面贯彻落实党的二十大精神的开局之年。上海大学发挥国家级课程思政教学名师、上海市课程思政教学名师和上海大学课程思政名师工作室主持人三级示范作用，积极联动课内外，结合课程教学密切校企联动，签约名师工作室与学校基教处附属中小学，打造大中小思政一体化协同育人机制。

马克思主义学院教授周丽昀表示，二十大强调高水平科技自立自强，对科学伦理提出了新的要求。建好这门核心通识课，旨在培养学生创新意识，提升学生批判思维，通识课要讲得让内行不觉浅、外行不觉深，上好一门课，仍需绵绵用力、久久为功。

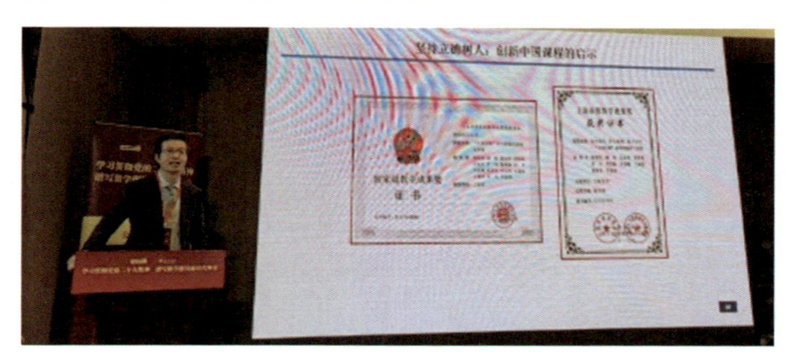

2023年2月19日　“光明日报”报道《“党的二十大精神进课堂”，上海大学举办课程思政名师工作室主持人论坛》的消息；“生命智能”课程负责人、国家杰出青年肖俊杰应邀在南京大学举办的“学习贯彻党的二十大精神　谱写留学报国新时代华章”主题论坛之分论坛“留学报国与立德树人”作分享。

2月

February

星期三　Wednesday

19日

一月廿二

记事

2017年2月20日　《电脑报》创始人陈宗周做客2016—2017学年冬季学期“创业人生”第四课“非典型创业的《电脑报》案例”（刘寅斌主持）。

2023年2月20日　知名音乐制作人胡梅雄做客2022—2023学年冬季学期“创业人生”第九课“为什么好歌越来越少了”（刘寅斌主持）。

2月

February

星期四 Thursday

20日

一月廿三

记事

2022年2月21日　上海大学举办第59期教师教学沙龙“迎评促建　铸魂育人”核心通识课质量提升研讨会，70余名教师参会，校党委常委、副校长聂清出席并作总结讲话。

2月

February

星期五 Friday

21日

一月廿四

记事

2017年2月22日　2016—2017学年冬季学期“创新中国”第八课“文物的保护创新与文化传承”开讲（罗宏杰、翟启杰主讲）。

2月 February

星期六 Saturday

22日

一月廿五

记事

2016年2月23日　2015—2016学年冬季学期“大国方略”第八课“中国能第一口咬到“苹果”吗？”开讲（顾骏主讲，顾晓英主持），上海对外经贸大学和上海应用技术大学同行旁听。

2月

February

星期日　Sunday

23日

一月廿六

记事

2016年2月24日　2015—2016学年冬季学期“创新中国”第九课“创新是灵机一动吗？”开讲（刘寅斌、梁波主讲，顾骏、顾晓英主持）。

重磅新课丨上海大学课程思政最新力作：光影中国

超星尔雅 超星尔雅 2023年02月24日 08:18

上海大学

“红色传承”系列课程

2014年11月，上海大学率先开设“大国方略”通识课，给大学生一双眼睛读懂中国。7年来，采用上大首创的“项链模式”，学校已推出“一模式三系列”品牌大课15门，分别为“大国方略”“人工智能”“红色传承”系列。“一院一大课”系列大课带动全校课程思政建设工作，上海大学相继获评上海高校课程思政教育教学改革“整体校”和“领航校”。

“红色传承”是上海大学新推出的一组系列课程”，旨在“用党史教育点亮课堂”，深度挖掘体育、电影中的育人元素，重现中国时刻，讲好中国故事。

“光影中国”是“红色传承”系列课程之一。电影是“光”和“影”的艺术，也是国家历史文化传承的重要手段和载体。课程以中国电影为载体，通过分析电影中的时空、人物、色彩、声音、场景等元素，利用电影直观性强、以形象和情感打动人等特点，让学生深切体验中国的历史、现实和未来想象。课程以别样视角的“有颜值有言值”党史教育，帮助大学生更深刻认知当代中国，滋养爱国情怀。

现已上线，欢迎选修！

2021年2月24日　“超星尔雅”报道《重磅新课丨上海大学课程思政最新力作：光影中国》的消息。

2月

February

星期一　Monday

24日

一月廿七

记事

2019年2月25日　2018—2019学年冬季学期“人工智能”第八课“自主学习，机器人也能懂道理？”公开课开讲（顾骏、张新鹏主讲），哈尔滨工程大学宣传部部长吕冬诗一行听课观摩。

February

星期二　Tuesday

25日

一月廿八

记事

2019年2月26日　2018—2019学年冬季学期“智能法理”第八课“机器人也会遭受‘人身侵犯’？”开讲（顾骏、许春明主讲）。

2月

February

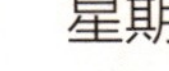

星期三 Wednesday

26日

一月廿九

记事

2017年2月27日　，上海飞扬华夏青年公益事业发展中心理事长徐历、项目经理杨豪杰和上海大学社会学系2012级校友蒋寒玉做客2016—2017学年冬季学期“创业人生”第五课“做更多对社会有意义的事情”（刘寅斌主持）。

2023年2月27日　上海青年管理干部学院教授刘宏森应邀来到2022—2023学年冬季学期“创新中国”最后一课之小组项目答辩作点评。

2月

February

星期四 Thursday

27日

一月三十

记事

2023年2月28日　顾晓英应邀为桂林电子科技大学新进教师作课程思政线上讲座。

6 综合

上海大学：在服务教育强国建设中展现新作为

读懂社火背后火辣辣的生活期盼

情暖昆仑雪山巡检路

民进党当局应调整敌视大陆的错误政策和心态

2024年2月28日《新华每日电讯》刊登《上海大学：在服务教育强国建设中展现新作为》。

2月

February

星期五　Friday

28日

二月初一

记事

2025

3月
March

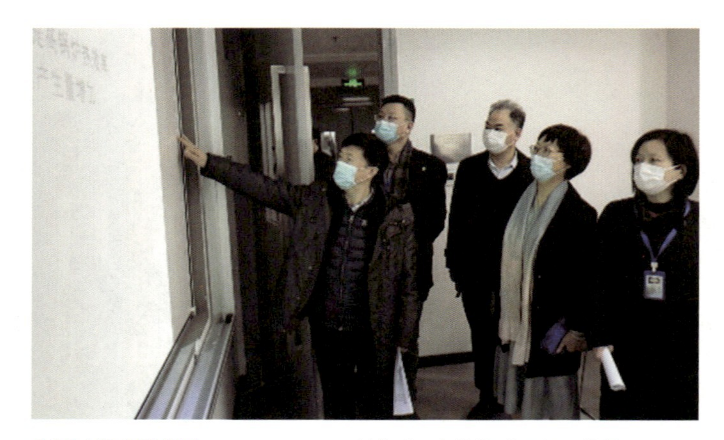

2021年3月1日　2020—2021学年冬季学期节后开学第一天，校长刘昌胜、副校长聂清一行看课、听课，巡查上海大学宝山校区的课堂教学秩序。

2023年3月1日　2022年度上海大学课程思政教育教学改革研究项目阶段性成果展示暨第69期教师教学沙龙举办，徐光寿、金晓怡、刘宏森等出席，上海大学党委常委、副校长聂清作总结，顾晓英主持。

3月

March

星期六　Saturday

1日

二月初二

记事

2016年3月2日　2015—2016学年冬季学期“创新中国”第十课“创客中有你我吗？”开讲（顾骏、顾晓英主讲），聂永有、许春明、李明、方守狮、尹应凯、肖俊杰为学生答疑，课后《人民日报》记者姜泓冰采访学生。

3月

March

星期日　Sunday

2日

二月初三

记事

2021年3月3日　2020—2021学年冬季学期“光影中国”第九课“中国面孔”开讲（齐伟、柴建主讲）。

3月

March

星期一　Monday

3日

二月初四

记事

2019年3月4日　2018—2019学年冬季学期“人文智能”第九课程“阴阳五行，传统思维如何为世界建模？”开讲（顾骏主讲）。

2020年3月4日　上海大学生命学院副院长、医学院副院长肖俊杰在线上讲授“生命智能”课程。

3月

March

星期二　Tuesday

4日

二月初五

记事

2019年3月5日　2018—2019学年冬季学期“智能法理”第九课“平行关系下，人工智能立法如何走？”开讲（顾骏、许春明主讲，顾晓英主持）。

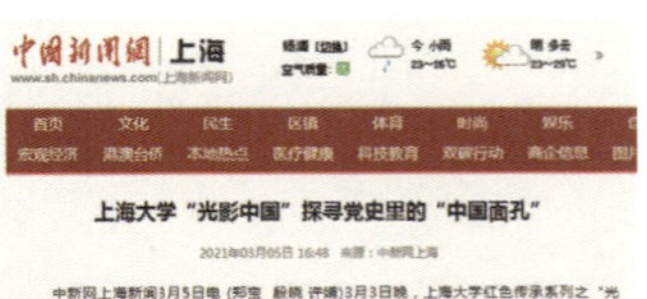

中国新闻网 | 上海
www.sh.chinanews.com(上海新闻网)

首页 文化 民生 区镇 体育 时尚 娱乐
宏观经济 港澳台侨 本地热点 医疗健康 科技教育 双碳行动 商企信息

上海大学“光影中国”探寻党史里的“中国面孔”

2021年03月05日 16:48 来源：中新网上海

中新网上海新闻3月5日电（郑宝 殷皖 许婧）3月3日晚，上海大学红色传承系列之“光影中国”新一课——“中国面孔”开讲。上海市“社科新人”奖获得者、曙光学者、上海大学上海电影学院齐伟副教授，联袂上海电影学院教师、独立导演柴健讲述了那些新中国成立以来银幕上呈现的大时代里“小人物”形象。

新中国成立以来，一代代电影人努力用光影镜头记录党领导下的各条战线欣欣向荣的社会主义建设历史，一幅幅生动形象的奋斗者“中国面孔”永远镌刻在大家脑海。他们中有奋战在生产一线的工人；脚踩黄土，背朝天的农民；负重前行、保家卫国的军人；国士无双、风骨流芳的知识分子；诚实守信、守法经营的企业家；突破极限、为国争光的运动员……是他们，用平凡而伟大的行动谱写中国故事与铸就中国精神。齐伟老师分别分享了具有代表性的六类面孔及其在光影当中的呈现。

从革命现实主义与革命浪漫主义的结合《大李小李和老李》到中国艺术性纪录片的代表作之一《黄宝妹》，再到新时期的四化建设者《逆光》《二十年后再相会》等。这一时期中国电影的工人形象困顿，但影片依然着力带领我们触碰他们藏在内心深处的纯真与善良。《快乐的单身汉》则是把镜头对准打铁工人生活的每个角落，表现出在四化建设中一代青年工人的精神风貌。阵痛、怀旧与再出发成为了新世纪的工人群像。《三峡好人》呈现出的忠厚、老实、执着是其表面特征，而道德与良知才是工人身份的底色。《钢的琴》体现了面对改革带来的转型，工人们依旧拥有对美好生活的追求……

从《白毛女》《李双双》到《喜盈门》《咱们的牛百岁》再到《黄土地》和体现新时代精准扶贫的《十八洞村》，中国银幕上的“农民面孔”存在着对“家”与“土地”的强调与迷恋，这是中国传统农耕文化的延续。然而，新时代下农民逐渐抛弃旧观念，转身拥抱科技，成为新农村建设的美丽风景。

从乡村教师《美丽的大脚》到国家工程师《我和我的祖国》，无论是身处教学一线的人民教师，还是某一领域的学术专家，在中国银幕中，“知识分子面孔”意味着知识的延续与领域的拓展，是实现“中国梦”创新中国的不可或缺者。

2021年3月5日　“中国新闻网”报道《上海大学“光影中国”探寻党史里的“中国面孔”》的消息。

3月

March

星期三　Wednesday

5日

二月初六　惊蛰

记事

2018年3月6日　2017—2018学年冬季学期“时代音画”结课（叶志明主讲并演奏，纪晔晔伴奏）。

上海大学“光影中国”探寻党

光明日报

上海大学“光影中国”探寻党史里的“中国面孔”

上海大学红色传承系列之“光影中国”新一课——“中国面孔”开讲。3月3日，上海市“社科新人”奖获得者、曙光学者、上海大学上海电影学院副教授齐伟，联袂上海电影学院教师、独立导演柴健讲述了那些新中国成立以来银幕上呈现的大时代里“小人物”形象。

新中国成立以来，一代代电影人努力用光影镜头记录党领导下的各条战线欣欣向荣的社会主义建设历史，一幅幅生动形象的奋斗者“中国面孔”永远镌刻在大家脑海。他们中有奋战在生产一线的工人；脚踩黄土，背朝天的农民；负重前行、保家卫国的军人；国士无双、风骨流芳的知识分子；诚实守信、守法经营的企业家；突破极限，为国争光的运动员……是他们，用平凡而伟大的行动谱写中国故事与铸就中国精神。齐伟分别分享了具有代表性的六类面孔及其在光影当中的呈现。

2021年3月6日　“光明日报”报道《上海大学“光影中国”探寻党史里的“中国面孔”》的消息。

3月

March

星期四 Thursday

6 日

二月初七

2019年3月7日　上海大学召开首批课程思政示范课程结项答辩会，会议由顾晓英主持，来自同济大学、上海外国语大学等校的专家担任评审嘉宾，上海大学党委常委、副校长聂清出席并致辞。

3月

March

星期五　Friday

7日

二月初八

记事

2019年3月8日　上海大学教务处女教职工参观甲秀里毛泽东旧居。

2023年3月8日　上海大学教务部女教职工举办以评促建，高质量完成迎评工作——教务“她”论坛。

3月

March

星期六 Saturday

8日

妇女节

二月初九

记事

2023年3月9日　教育部课程思政教学研究示范中心（上海大学）2023年度工作研讨会召开。

3月

March

星期日 Sunday

9日

二月初十

记事

上海大学线上课程思政直播公开课 嘉宾共话疫情下中小企业主的“创业人生”

中国新闻网上海频道 03-10 13:06

中新网上海新闻3月9日电(殷晓)疫情袭来，上海大学积极按照教育部和上海市教委要求，全面贯彻学校防疫工作领导小组的部署，在确保广大师生身心健康的同时，绘制全校“课程在线讲授、互动讨论”分时资源需求挂图，开展资源调配和服务的“挂图作战”。

网课第一周，3000门次上海大学冬季学期课程正常开启非常时期的线上教学模式。推进课程思政领航校建设，落实立德树人根本任务，需要深化和活化云端课程思政，确保线上教学实质等效。学校组织发动领航学院、领航团队和领航课程做好课程思政在线推进的表率，积极主动，把“抗疫”大课素有机融入“主渠道”。

2020年3月7日晚，学校组织了一堂课程思

2020年3月10日　“中国新闻网”报道《上海大学线上课程思政直播公开课　嘉宾共话疫情下中小企业主的“创业人生”》的消息。

2022年3月10日　上海大学微电子学院张建华开启“中国芯路”课程线上教学。

2023年3月10日　上海大学转化医学研究院院长苏佳灿带领“医道中国”课程团队集体备课，顾晓英出席。

3月

March

星期一　Monday

10日

二月十一

记事

“创业人生”课后师生合影

3月 March

星期二 Tuesday

11日

二月十二

记事

从“网红餐厅入驻高校”到“表情包的前世今生”上大学生在关心什么？——上海大学“创新中国”冬季学期圆满收官

第一教育 2021-03-12 16:10:09

记者 | 柳琴
通讯员 | 蔡珍峰

思政教育接地气，课堂教学有活力。3月9日晚，首批国家精品在线开放课程、上海大学同名混合式课程“创新中国”迎来了冬季学期的最后一次课程。上海高校思政课名师工作室“顾晓英工作室”主持人顾晓英教授担任主持人。

课程前半段是由学生们自主进行的课题分享，后半段是随堂考试。在限定5分钟时间内，十组学生围绕社会热点、大学生身边的问题大开脑洞，分别进行精要的阐述，气氛热烈。课程特别邀请上海青年管理干部学院教授、《青年学报》主编刘宏森老师对课题分享进行点评和指导。

“表情包的前世今生”追本溯源、“信息化时代下师生沟通方式”的探讨、“网红餐厅入驻高校”的评估、“大学生入党意愿”的调查、“免费或付费学习资料的辩证思考”……十个课题项目大多源于大学生活中的点点滴滴，针对这些问题，同学们集思广

2021年3月12日　“第一教育”报道《从“网红餐厅入驻高校”到“表情包的前世今生”上大学生在关心什么？——上海大学“创新中国”冬季学期圆满收官》的消息。

3月

March

星期三 Wednesday

12日

二月十三

记 事

2023年3月13日　上海市宝山区消防救援支队领导一行前来顾晓英工作室参观访问，商议上海大学课程思政实践基地建设事宜，“红色经典进校园”系列项目秘书处刘雨昕来访。

3月

March

星期四 Thursday

13日

二月十四

记事

2023年3月14日　上海高校“开学第一堂思政课”集体备课会暨高校思想政治理论课质量提升行动展示活动在华东理工大学举办，会上为上海高校思想政治理论课名师工作室（2022—2024年）授牌，上海大学顾晓英、叶海涛入选；上海大学上海美术学院课程思政教学研究中心揭牌仪式暨课程思政建设交流研讨会举行，校党委常委、副校长聂清出席。

3月

March

星期五 Friday

二月十五

记事

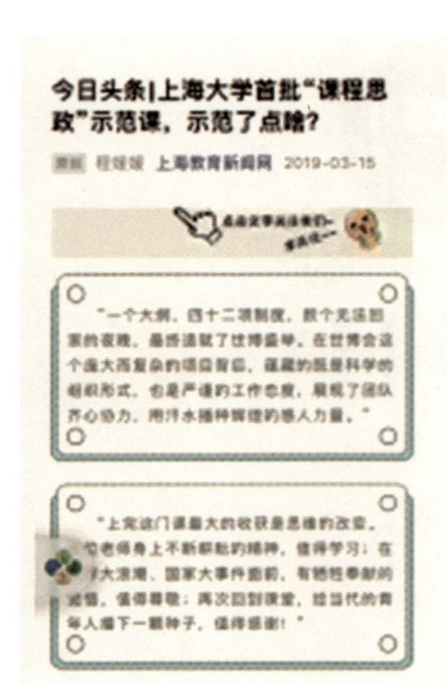

今日头条|上海大学首批“课程思政”示范课，示范了点啥?

上海教育新闻网 2019-03-15

“一个大纲，四十二项制度，数个无法回家的夜晚，最终造就了世博盛举。在世博会这个庞大而复杂的项目背后，蕴藏的既是科学的组织形式，也是严谨的工作态度，展现了团队齐心协力，用汗水播种辉煌的感人力量。”

“上完这门课最大的收获是思维的改变。老师身上不断超越的精神，值得学习；在大浪潮、国家大事件面前，有牺牲奉献的武警，值得尊敬；再次回到课堂，给当代的青年人播下一颗种子，值得感谢！”

2019年3月15日　“上海教育新闻网”报道《上海大学首批“课程思政”示范课，示范了点啥？》的消息。

上海教育新闻网 www.shedunews.com　精选　上海　长三角　国内　国际　人物　评论　招考　校园

上海大学：点上开花，持续打造品牌“大思政”课程

来源：上海教育新闻网　作者：顾晓英　时间：2024-03-15 11:20:44

本网讯 持续推进党的最新理论、创新成果“带着热气”进教材、进课堂、进头脑……近年来，上海大学全面落实新时代思政课改革创新要求，稳步提升思政课质量，持续打造多个品牌“大思政”课程。

据了解，上海大学首开“大国方略”通识课，采用上海大学首创的、曾获国家级教学成果奖二等奖的思想政治理论课“项链模式”，引导大学生正确认识世界和中国发展大势，提升政治认同和文化自信，引领其在“国家发展和个人前途的交汇点上”思考未来，规划人生。团队先后开发“创新中国”“创业人生”“时代音画”“经国济民”等课程，形成系列。“大国方略”拉开了“中国系列”课程帷幕，上海大学被新华社誉为“中国系列”课程的策源地。

2024年3月15日　“上海教育新闻网”报道《上海大学：点上开花，持续打造品牌“大思政”课程》的消息。

3月

March

星期六 Saturday

15日

二月十六

记事

2023年3月16日　上海大学召开2023年度上海大学思政课+课程思政建设推进会，围绕“我们怎么能够在新时代建好大思政课？”“如何推进上海大学课程思政建设工作？”两个问题展开交流探讨，会上举行上海大学新一批课程思政名师工作室授牌仪式和教育部课程思政教学研究示范中心（上海大学）特聘研究员聘任仪式。

3月

March

星期日 Sunday

16日

二月十七

记事

上海大学"云上思政"出新招
战"疫"脱贫融入"经国济民"

来源：光明日报客户端
2020-03-17 16:45

疫情给脱贫攻坚带来了新的困难和挑战。上海大学积极推进课程思政领航校建设，在"云上思政"系列公开课中，采用线上"项链模式"教学，将战"疫"脱贫融入"经国济民"。

3月16日晚，一堂主题为"经国济民，战"疫"脱贫"的"云上思政"系列公开课在上海大学6位老师家中同时"上线"，这6位教师拥有着不同的学科背景——经济、历史、管理、法律......他们共同为课程班的100余名学子、全国各地同名慕课班级学生及家长等1100余人在云端讲思政。

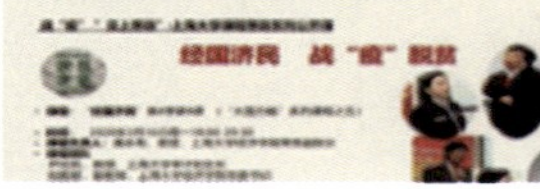

× "中国系列"课程跨学段育人，在57个一... ···

上观新闻 打开APP

"中国系列"课程跨学段育人，在57个一流学科基础上各打造一门

教育在线 2020-03-17 19:24

来源：上观新闻 作者：徐瑞哲

【一校一品 "中国系列" 全覆盖】

3月7日晚，上海大学"创业人生"课迎来第九季第七课，2位课程主讲人和4位课程嘉宾借助网络平台，共同探讨中小企业的新冠肺炎疫情创变之路，引得100多名选课学生和旁听者收看收听并参与讨论。

2020年3月17日　“光明日报”报道《上海大学“云上思政”出新招　战“疫”脱贫融入“经国济民”》的消息；“上观新闻”报道《“中国系列”课程跨学科育人，在57个一流学科基础上各打造一门》的消息。

2023年3月17日　以实践性为内核的“大思政课”综合改革学术研讨会在北京工业大学召开，顾晓英应邀出席并作主旨报告。

3月

March

星期一　Monday

17日

二月十八

记事

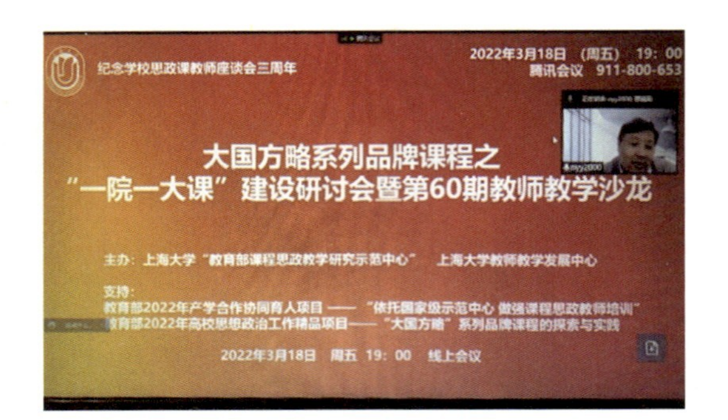

2022年3月18日　上海大学纪念学校思政课教师座谈会三周年：大国方略系列品牌课程之“一院一大课”建设研讨会暨第60期教师教学沙龙在线举办（聂永有分享，顾晓英主持）。

2024年3月18日　上海大学举办学习贯彻学校思想政治理论课教师座谈会重要讲话精神专题教学沙龙，上海大学党委副书记、副校长胡大伟与大家交流学习体会；飞越中美两地的培训师、上海大学校友梅霖做客2023—2024学年春季学期“创业人生”第二课“无处不用的谈判术”（刘寅斌主持）。

3月

March

星期二 Tuesday

18日

二月十九

记事

2015年3月19日　“大国方略”课程团队获评上海市群众喜爱的培育和践行社会主义核心价值观项目，顾晓英接受记者采访。

3月

March

星期三 Wednesday

19日

二月二十

记事

2017年3月20日　“时代音画”课程团队集体备课。

温州大學 WENZHOU UNIVERSITY 新闻网

新闻首页　温大新闻　媒体温大　微新闻

3月20日下午，学校召开党委理论学习中心组（扩大）会议，邀请上海市思政课教学名师、上海大学教务处副处长、“项链模式”教法创始人、国家教学成果获得者顾晓英研究员作题为“推进课程思政教学改革 落实立德树人根本任务”的专题报告。全体校领导班子成员，中层干部，各学院系主任、专业负责人、教学科科长等200余人参加报告会，副校长、党委委员薛伟主持。

2019年3月20日　温州大学党委理论学习中心组（扩大）学习会召开，顾晓英应邀作题为“推进课程思政教学改革　落实立德树人根本任务”的专题报告，温州大学副校长、党委委员薛伟主持。

3月

March

星期四　Thursday

20日

二月廿一　春分

2023年3月21日　国家教育行政学院第69期高校领导干部进修班30余名高校领导调研上海大学课程思政建设情况，上海大学党委副书记欧阳华，副校长汪小帆，党委常委、党委宣传部部长胡大伟参加调研活动。

关于2023年上海市“最美艺课”公共艺术课程评选结果的公示

上海艺教　2024年03月21日 17:34　上海

根据《关于开展2023年上海市“最美艺课”公共艺术课程征集活动的通知》（沪艺教委〔2023〕8号）要求，市艺教委组织遴选了2023年度上海市“最美艺课”公共艺术课程，现予公示。

① “最美艺课”名单

课程名称	所在学校	课程负责人
《时代音画》	上海大学	纪晔晔
《合唱作品赏析与实践》	复旦大学	陈瑜
《设计思维创意》	上海商学院	王启照

2024年3月21日　上海市艺教委组织遴选的2023年上海市“最美艺课”公共艺术课程评选结果公示，上海大学“大国方略”系列课程——“时代音画”被评为“最美艺课”（课程负责人纪晔晔）。

3月

March

星期五　Friday

21日

二月廿二

2023年3月22日　2022—2023学年春季学期“医道中国”第一课“论道历史，融通医学文化”开讲（苏佳灿主讲，顾晓英主持）。

3月

March

星期六　Saturday

22日

二月廿三

2015年3月23日　湖北省高校宣传部部长和马克思主义学院院长培训会在武汉召开，顾晓英应邀作题为：“大国方略，站在世界看中国”的交流分享。

2016年3月23日　2015—2016学年春季学期“创新中国”第一课“创新何以成大国重中之重？”开讲（顾骏、聂永有、顾晓英主讲，刘娇蕾主持）。

2020年3月23日　2019—2020学年春季学期“创业人生”线上直播教学。

3月

March

星期日　Sunday

23日

二月廿四

记事

上海大学再推思政新课“医道中国”，首次开课受大学生欢迎

强国号发布内容

+订阅

3月22日晚，上海大学转化医学研究院开设的“医道中国”课程第一堂课在上海大学宝山校区成功举行。课程负责人、转化医学研究院院长苏佳灿教授担任首课主讲。上海大学教务部副部长、教育部课程思政教学研究示范中心负责人顾晓英教授担任课堂主持。

2023年3月24日　“东方教育时报”报道《上海大学再推思政新课“医道中国”，首次开课受大学生欢迎》的消息。

3月

March

星期一　Monday

24日

二月廿五

记事

2019年3月25日　上海大学召开2019年春季学期首届课程思政建设经验交流会，广西壮族自治区教育厅四所高校领导一行6人、浙江工贸职业技术学院党委书记一行9人和南昌工学院副校长一行6人前来参会，上海大学党委常委、副校长聂清出席并致辞；2018—2019学年春季学期“生命智能”第一课“生命永续，AI能让人梦想成真吗？”开讲（顾骏、肖俊杰主讲）。

2024年3月25日　哈尔滨工业大学十大最具影响力毕业生凯迪做客2023—2024学年春季学期“创业人生”第三课“环游世界的钱从哪儿来——百万粉旅游博主的创业之路”（刘寅斌主持）。

3月

March

星期二 Tuesday

25日

二月廿六

记事

2018年3月26日　2018—2019学年春季学期“人工智能”第一课“图灵到底灵不灵？”开讲（郭毅可、顾骏、张新鹏主讲，顾晓英主持）。

3月

March

星期三 Wednesday

26日

二月廿七

2019年3月27日
“中国新闻网”报道《沪喀两校对口直播同上一门上大新课》的消息。

2023年3月27日　螺城·柳州螺蛳粉（上海总店）合伙人詹呈浩、上海艾菲口腔创始人陆菲菲做客2022—2023学年春季学期“创业人生”第二课“有意思且有钱赚的小生意是怎么做的？”（刘寅斌主持）。

3月

March

星期四 Thursday

27日

二月廿八

记事

2017年3月28日　2016—2017学年春季学期“时代音画”第一课“曲目单隐藏着什么文化密码？”开讲（顾骏、顾晓英、王思思、姚蓉主讲）。

2024年3月28日　2023—2024学年春季学期“开天辟地”第三课“评话+‘群英荟萃渔阳里’”开讲（李瑊和中国曲艺家协会会员、中国作家协会上海分会会员、中国评书评话十大名家、美国东西方艺术学院名誉教授朱庆涛主讲，丁慧琵琶演奏）。

3月

March

星期五 Friday

28日

二月廿九

记事

文汇报　教科卫　7

上海大学“课程思政”探索渐入佳境，“大国方略”系列进入“四重奏”

在“时代音画”中解码中国文化

对话院士，小学生问出“大问题”

2017年3月29日　《文汇报》刊登《上海大学“课程思政”探索渐入佳境，“大国方略”系列进入“四重奏”——在“时代音画”中解码中国文化》。

3月

March

星期六 Saturday

29日

三月初一

记事

2016年3月30日　2015—2016学年春季学期“创新中国”第二课“工程师眼中的创新”公开课开讲（金东寒、施鹰主讲，顾骏、顾晓英主持），课后上海大学校长金东寒与“创新中国”教学团队骨干教师、部分学生合影留念。

2023年3月30日

上海市教卫工作党委系统“伟大工程”系列示范党课（第四季）“传承百年荣光，培育时代新人”主题党课暨上海大学“开学第一课”在上海大学开讲（上海大学党委书记成旦红主讲，顾晓英主持并作微演讲）。

3月

March

星期日 Sunday

30日

三月初二

记事

2015年3月31日　上海大学党委书记罗宏杰调研“大国方略”课程。

3月

March

星期一 Monday

31日

三月初三

记事

2025

4月

April

2017年4月1日　2016—2017学年春季学期“创业人生”第一课“摩拜单车，为什么？”开讲（刘寅斌主讲）

2019年4月1日　2018—2019学年春季学期“生命智能”第二课“治未病，人工智能如何倾听身体声音？”开讲（朱小立、顾骏主讲）。

2024年4月1日　回形眼镜/视碧商贸/咸蛋黄TALK联合创始人薛皓做客2023—2024学年春季学期“创业人生”第四课“43岁‘高龄创业’背后的故事”（刘寅斌主持）。

4月

April

星期二　Tuesday

1日

三月初四

记事

2020年4月2日　上海大学举办第40期教师教学沙龙暨“云上思政”课程育人教学交流活动，120位教师云集“Zoom”视频会议平台，热议思政如何融入课程，全国优秀教师、上海中医药大学教授张黎声应邀担任点评嘉宾，上海大学党委常委、副校长聂清，教务处处长彭章友出席，上海高校思政课名师工作室——顾晓英工作室主持人、教务处副处长顾晓英主持。

2021年4月2日　顾晓英应邀赴贵州工程应用技术学院作题为“推进课程思政 践行立德树人”的报告。

4月

April

星期三　Wednesday

2日

三月初五

记事

2019年4月3日　上海大学召开课程思政工作推进会，校党委常委、副校长聂清出席并讲话，教务处、学工办、考评办、教师工作部、人事处、团委、马克思主义学院等负责人与会交流。

2023年4月3日　曾任美国伯克利音乐学院副教授、招生面试官汪洁做客2022—2023学年春季学期“创业人生”第三课“跨出舒适区——从伯克利音乐学院副教授到中国创业者”（刘寅斌主持）。

4月

April

星期四 Thursday

3日

三月初六

记事

《创新时代 青春出彩》
顾骏　主编
上海大学出版社出版

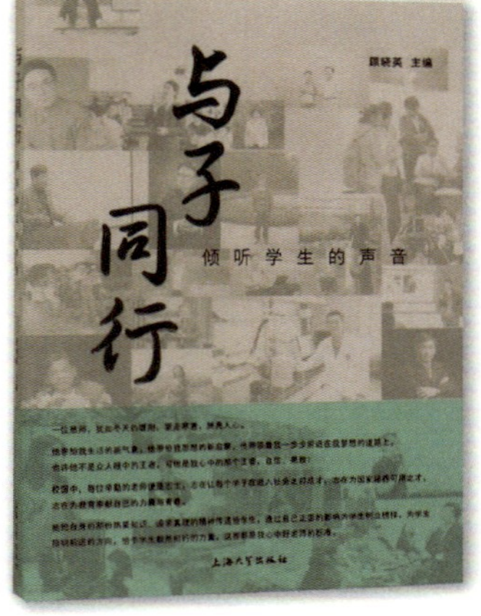

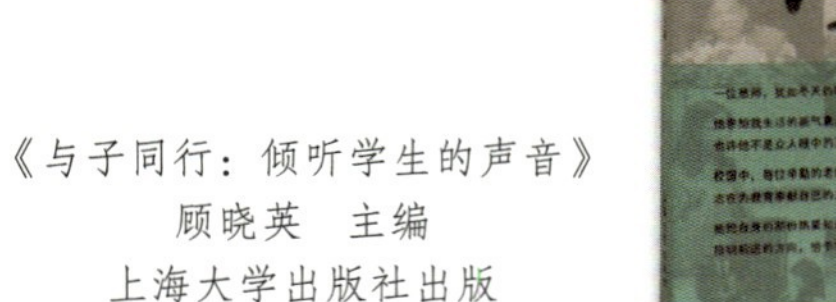
《与子同行：倾听学生的声音》
顾晓英　主编
上海大学出版社出版

4月 April

星期五 Friday

4日

清明节

三月初七 清明

记事

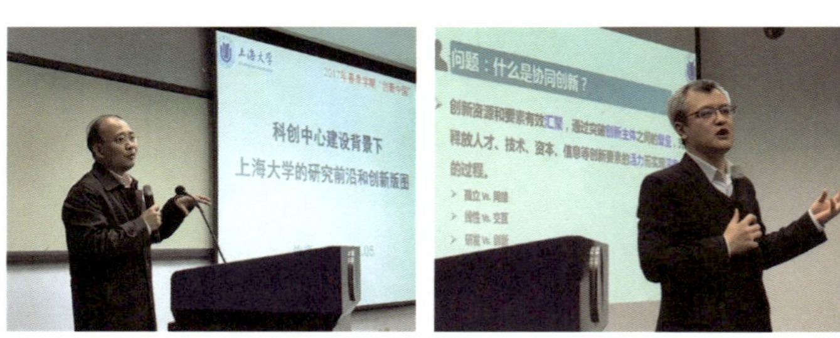

2017年4月5日　“时代音画”课程团队集体备课；2016—2017学年春季学期“创新中国”第二课“万众创新　谁是主体？”开讲（施鹰、于晓宇、顾晓英、袁浩主讲）。

4月 April

星期六 Saturday

5日

三月初八

记事

2016年4月6日　2015—2016学年春季学期“创新中国”第三课“中国制造谁来造？”开讲（李明、罗均、姚骏峰、顾骏主讲，顾晓英主持）。

上海科技报
www.shkjb.com

上海大学“创新中国”课很“燃”——

“脑机接口”“网络控制技术”硬核来袭

2023年04月06日　版面：A3

作者：吴宗婷 孙梦泽 耿晗

4月3日晚，脑机接口研究专家、上海市五一劳动奖章获得者、三八红旗手、上海大学机电工程与自动化学院和医学院双聘教授杨帮华老师，机自学院副教授蓝箭老师联袂作客上海大学的国家一流课程——“创新中国”第23季第三课。他们以“智能制造”与“科技创新”为主题，融合理论知识、科研故事和思维训练，将创新烙进学生的科研生命中的“DNA”。

党的二十大报告一个重要的理论创新是将教育、科技、人才放在战略任务中进行统筹部署，第一次将科教兴国战略、人才强国战略、创新驱动发展战略摆在一起，将教育、科技、人才整合到一起进行系统谋划，共同服务创新型国家建设。高质量发展需要高校提升人才自主培养质量。上海高校思政课名师工作室主持人、教育部课程思政教学研究示范中心负责人顾晓英老师导入创新的国家战略意义，为学生用心铺下“吸引力”伏笔。

“探索前沿，寻求原创，迎难而上，坚持创新”，概括了上海大学机电工程与自动化学院和医学院双聘教授杨帮华老师的创新科研之路。科研路漫漫，唯创新与坚持作伴。杨帮华从20年前考入上海交通大学攻读博士学位时的选题“心动”开始，诉说自己的成长之路。她从不会到会，从阅读一篇文章到浏览N篇前沿文章，以创新为导向，坚持原创，持续努力，把实验做好、把项目做优。不问前路、不畏艰难，追求创新是杨帮华科研经历的最好“代名词”。

“创新的过程中怎样坚持下来？”课程班青年学子被杨帮华的动情讲述与科研精神所感动，发出提问。杨帮华勉励上大学子自强不息全面发展追求卓越，遇到挫折和困难，她建议同学们先从自我找问题，保持积极的心态，相信所有的困难都会过去，以使命和担当走好创新之路。

“选择专业还是选择未来？”“读书的意义是什么？”素有“问题老师”之称的机自学院自动化系副教授蓝箭以问题为导向，层层推进课程内容。蓝箭从事的是网络控制与大数据分析研究。他结合最近热门的ChatGPT告诫学生：“人们发明机器像人一样思考，但人像机器一样思考则是一种悲剧。”“知书达理”“学以致用”，蓝箭还列举了多个事例，让学生明白科技创新离不开人文精神。

据悉，作为思政选修课的“创新中国”课程从2015年11月起开设，迄今已是23个学期，近百位教授、劳模、三八红旗手等作为“项链模式”嘉宾来课堂解析创新奥秘，引领学生开展自主创新服务国家建设。

2023年4月6日　“上海科技报”报道《上海大学“创新中国”课很“燃”——“脑机接口”“网络控制技术”硬核来袭》的消息。

4月

April

星期日　Sunday

6日

三月初九

记事

2016年4月7日　2016年上海高校思想政治理论课建设工作推进会在上海大学召开，会上举行顾晓英工作室授牌仪式。

April

星期一 Monday

7日

三月初十

记事

2019年4月8日　上海大学召开2019年度第二期课程思政经验交流会，近20位课程思政专业课程骨干教师及河南职业技术学院的13位教师参会；2018—2019学年春季学期“生命智能”第三课“对症试药，机器人也需‘尝百草’”开讲（许斌、顾骏主讲）。

2024年4月8日　留学生海外创业者刘景禾、Mr.P宠物店创始人吴敏做客2023—2024学年春季学期“创业人生”第五课“小生意的大学问：两个开宠物店的女孩的跨洋对话——从墨尔本到上海”（刘寅斌主持）

4月

April

星期二 Tuesday

8日

三月十一

记事

2018年4月9日　“人工智能”课程团队集体备课；2017—2018学年春季学期“人工智能”第三课“赢了围棋就能赢了人类？”开讲（张新鹏、孙晓岚、林仪煌主讲，顾骏主持）。

4月　　April

星期三　Wednesday

9日

三月十二

2023年4月10日　德先汽车科技（上海）有限公司技术总监戴照恩做客2022—2023学年春季学期“创业人生”第四课“创业是一种不一样的生活方式——从制造汽车到制造生产汽车的机器”（刘寅斌主持）。

4月 April

星期四 Thursday

10日

三月十三

记事

2017年4月11日　2016—2017学年春季学期“时代音画”第二课“音乐动听，也能悦目吗？”开讲（顾骏、王海松、袁勤、李芸主讲）。

4月

April

星期五 Friday

11日

三月十四

记事

2017年4月12日　2016—2017学年春季学期“创新中国”第三课“中国制造　谁来造？”开讲（罗均、李明、杨扬、清华大学自动化系系统工程研究所李力主讲，顾晓英主持）。

2023年4月12日　上海大学党委常委、宣传部部长胡大伟来到“时代音画”课堂，讲授并听课；上海大学总体国家安全观教育进思政课课堂暨“图像中的安全”教育公开课开讲（张新鹏主讲，顾晓英、赵柯主持）。

4月 April

星期六 Saturday

12日

三月十五

记事

2016年4月13日　2015—2016学年春季学期“创新中国”第四课“有BAT就是互联网强国了吗？”开讲（顾骏、武星、袁浩主讲，顾晓英主持）。

2020年4月13日　2019—2020学年春季学期“经国济民”第一课“解‘谜’：浦东开发开放30年”“云上思政”系列公开课线上开讲（聂永有、尹应凯、陆甦颖、刘康兵主讲，顾晓英主持），亲历浦东开发开放的上海浦东新区管理咨询行业协会名誉会长庄峻研究员作为特邀嘉宾出席。

4月

April

星期日 Sunday

13日

三月十六

记事

2016年4月14日　顾骏、顾晓英应邀在解放军理工大学作“大国方略”讲座后留影。

4月 April

星期一 Monday

14日

三月十七

记事

2019年4月15日　上海大学召开2019年度第三期课程思政经验交流会，中北大学副校长曾建潮一行7人到访上海大学，调研和交流上海大学课程思政建设工作，观摩“生命智能”第四课“遥控手术，人可以让机器来修理吗？”公开课（同济大学附属同济医院骨科主治医师于研和顾骏主讲）。

2024年4月15日　新蜂新知创始人张振做客2023—2024学年春季学期“创业人生”第六课“重新认识抖音：这是一个人人都能做好抖音的时代”（刘寅斌主持）。

4月

April

星期二 Tuesday

15日

三月十八

记事

2018年4月16日　2017—2018学年春季学期“人工智能”第四课“‘小冰’作品的诗意哪里来？”开讲（武星、胡建君主讲，顾骏主持）。

2021年4月16日　全国高校专业类思政教学指南编撰高层探讨会暨上海大学课程思政教学研究中心揭牌仪式在上海大学举行，上海大学党委常委、副校长聂清，中山大学、南京大学、山东大学、复旦大学、华东师范大学、同济大学、上海中医药大学等专家学者，上海大学教务部、研究生院、教师工作部、基教集团办公室领导，领航学院领导及各《专业类课程思政教学指南》编撰团队、院系骨干教师等百余名学者出席。

4月

April

星期三　Wednesday

16日

三月十九

记事

2018年4月17日　太原师范学院教师一行观摩“时代音画”课程。

2023年4月17日　2022—2023学年春季学期“创新中国”第五课“创新实践与创新意识”开讲（王瑞主讲）；自由职业者张芷怡、王健桢做客2022—2023学年春季学期“创业人生”第五课“不一样的年轻人走不一样的路”（刘寅斌主持）。

4月

April

星期四　Thursday

17日

三月二十

记事

2017年4月18日　2016—2017学年春季学期“时代音画”第三课“国歌如何一路走来？”开讲（狄其安、顾骏、顾晓英主讲）。

4月

April

星期五 Friday

18日

三月廿一

记事

上海大学："创业人生"课程

2017-04-19 15:19:19　来源：上海教育新闻网

2016年11月28日晚六点，一门崭新的通选课"创业人生"在校本部J102首次亮相。它由上海大学校人气教师、管理学院副教授刘寅斌博士领衔，"大国方略"系列课主创社会学院顾骏教授和上海市思政课名师工作室"顾晓英工作室"主持人顾晓英老师共同策划。首堂课"疯疯傻傻"的课堂氛围一如既往地受到学生欢迎，犀利的语言和睿智思想交锋不仅引发头脑风暴，也获得学生爆棚掌声和笑声。

"大国方略"系列课之三："创业人生"开课缘由"大众创业、万众创新"时代，"互联网+"催生出许多新技术、新产品、新业态、新模式，为创业创新提供了无限可能。两年来，在国家的大力支持和推动下，"大众创业"、"草根创业"的新浪潮逐渐形成，而青年无疑是其中的生力军。大学生如何抓住时代和行业的趋势红利？创业到底是什么，又为了什么？成功创业者的密码是什么？冬季学期，"创业人生"课堂每周邀请业界大咖分享自己的创业过程和人生感悟，为师生搭建学习、探讨、争论、解答、再发问和再思考的产学研结合平台。

顾晓英表示，"创业人生"课程是"大国方略"系列课的3.0版"创业人生"与此前备受瞩目、广受好评的"大国方略"和"创新中国"一脉相承。"创业人生"是"大国方略"和"创新中国"的落地版。它继承"站在世界看中国、基于创新谈创业"的立意和境界，延续"项链模式"教学方式，更进一步把焦点下沉到学生的个人职业规划和人生计划，摸索从仰望星空到脚踏实地的创业之路。

2017年4月19日　“上海教育新闻网”报道《上海大学：“创业人生”课程》的消息。

4月

April

星期六　Saturday

19日

三月廿二

2016年4月20日　2015—2016学年春季学期“创新中国”第五课“创新是一个人的事业吗？”开讲（肖俊杰、许斌主讲，顾骏、顾晓英主持）。

2023年4月20日　第二届课程思政教学研究示范中心建设研讨会在武汉大学召开，顾晓英作主旨报告，曹园园出席。

2024年4月20—21日　新疆科技学院、暨南大学、山东第一医科大学、内蒙古科技大学、商丘师范学院、湖北文理学院、上海建桥学院等13所高校的教师实地考察教育部课程思政教学研究示范中心（上海大学）、上海高校思政课名师工作室——顾晓英工作室，学习交流上海大学人才培养基本情况和课程思政建设举措。

4月

April

星期日　Sunday

20日

三月廿三　谷雨

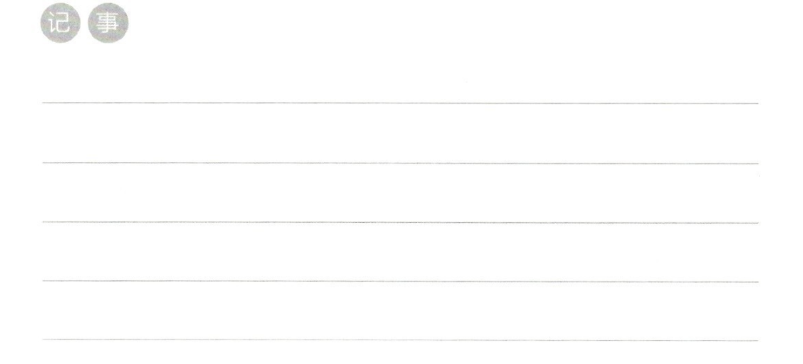

2015年4月21日　2014—2015学年春季学期“大国方略”第五课“中国能第一口咬到‘苹果’吗？”开讲（罗宏杰主讲）。

2018年4月21日　顾晓英、顾骏应邀赴北方民族大学参加2018年教学工作暨教育教学思想大讨论座谈会。

4月 April

星期一 Monday

21日

三月廿四

记事

2019年4月22日　2018—2019学年春季学期“生命智能”第五课“器官置换，人也可以型号升级？”开讲（贝毅桦、顾骏主讲）。

2024年4月22日　自然堂集团公共事务总经理陈娟玲做客2023—2024学年春季学期“创业人生”第七课“山，就在那里——小飞侠在路上”（刘寅斌主持）。

4月

April

星期二 Tuesday

22日

三月廿五

记事

2018年4月23日　2017—2018学年春季学期“人工智能”第五课“人工智能坐堂会使医生失业吗？”超星直播课开讲（肖俊杰、李晓强主讲，顾骏主持）。

4月 April

星期三 Wednesday

23日

三月廿六

记事

2015年4月24日　武汉大学党委副书记骆郁廷一行前来上海大学调研“大国方略”课程。

2023年4月24日　GGAC全球动漫游戏美术概念大赛创办人、中国电影美术学会CG艺委会副主任林永民做客2022—2023学年春季学期“创业人生”第六课“卓尔不群为什么那么重要——面对AIGC的艺术创作挑战与机遇”（刘寅斌主持）。

4月

April

星期四 Thursday

24日

三月廿七

记事

2017年4月25日　2016—2017学年春季学期“时代音画”第四课“中国音乐如何革故鼎新？”开讲（顾骏、李芸主讲，朱徐立演唱，纪晔晔钢琴伴奏）。

4月

April

星期五　Friday

25日

三月廿八

记事

文匯報

习近平就中老建交60周年同通伦互致贺电

李克强同通伦互致贺电

供给质量持续提升，内生动力持续增强，市场活力持续释放

GDP增17.6% 一季度上海经济开局良好

上海将在全市推广“一业一证”改革

推动“我为群众办实事”走深走实取得实效

认真抓好整改落实 建立台账举一反三

内容有厚度、理论有深度、讲述有温度，沪上高校从学科专业视角切入，为大学生打开党史学习教育的新视野

“高言值”党史课，坚定青年永远跟党走信念

坚守基层小法庭，办好田间地头民生案

2021年4月26日　《文汇报》刊登《内容有厚度、理论有深度、讲述有温度，沪上高校从学科专业视角切入，为大学生打开党史学习教育的新视野——“高言值”党史课，坚定青年永远跟党走信念》，介绍上海大学“光影中国”等精品党史课程。

2023年4月26日　2022—2023学年春季学期“医道中国”第六课“古往今来战胜疾病的巧妙科技”开讲（白龙主讲）。

4月

April

星期六 Saturday

26日

三月廿九

记事

2016年4月27日　2015—2016学年春季学期“创新中国”第六课“创新也能买保险吗？”开讲（尹应凯、许春明主讲，顾晓英主持）。

2021年4月27日　上海大学校长刘昌胜为钱伟长学院近100名本科生上主题为“赓续红色基因 传承上大精神”的思政课。

4月 April

星期日 Sunday

27日

三月三十

2018年4月28日　2017—2018学年春季学期“人工智能”第六课“机器人独霸股市下盈亏怎么定？”开讲（聂永有、李晓强、张新鹏主讲，顾骏主持）。

2020年4月28日　2019—2020学年春季学期“生命智能”第五课“致生命　以青春的名义”“云上思政”系列公开课线上开讲（肖俊杰、汪小帆、王江和武汉同济医院副主任周宁主讲，顾晓英主持）。

4月

April

星期一 Monday

28日

四月初一

记事

2019年4月29日　2018—2019学年春季学期“生命智能”第六课“老而不衰，人工智能如何提高生命质量？”开讲（黄海、顾骏主讲）。

2024年4月29日　浙江甬艾集团CEO、GERM格沵品牌创始人李玲子做客2023—2024学年春季学期“创业人生”第八课“六年创业之路——从中国领先的潮牌到国际化”（刘寅斌主持）。

4月 April

星期二 Tuesday

29日

四月初二

记事

2021年4月30日　上海大学党委书记成旦红到顾晓英工作室参观并指导；“学党史　传薪火——纪念建党100周年青春诗会”在上海大学举行，聂清、辛明军、顾晓英、陆甦颖等出席。

上海市劳模王国中教授精彩讲述“数字中国”

2024年04月30日 19:17　来源：中新网上海

有趣 王 学习 公式 感觉 老师 创新 了解 收获 讲座 王老师 今天 感受 知道 多 劳模精神

中新网上海新闻4月30日电(郭晶莹 许婧)在“五一”国际劳动节到来之际，上海市劳动模范、上海工程技术大学人工智能产业研究院常务副院长王国中教授29日应邀来到上海大学宝山校区，采用自己研发的ICLASS智慧教学系统为

2024年4月30日　“中国新闻网”报道上海市劳模王国中教授做客上海大学“创新中国”课堂，精彩讲述“数字中国”的消息。

4月 April

星期三　Wednesday

30日

四月初三

记事

2025

5月

May

“创新中国”课堂上认真听讲的学生

5月 May

星期四 Thursday

1日

劳动节

四月初四

记事

2017年5月2日　2016—2017学年春季学期“时代音画”第五课“民族危亡，艺术家如何唤醒中国魂”开讲（王勇主讲，王思思演唱，任音钢琴伴奏）。

5月 May

星期五 Friday

2日

四月初五

记事

2016年5月3日　2015—2016学年春季学期“大国方略”第七课“龙是Dragon吗？”开讲（李梁主讲）。

May

星期六　Saturday

3日

四月初六

2016年5月4日　2015—2016学年春季学期“创新中国”第七课“科技创新一定能造福人类吗？”开讲（潘登余、钱光人主讲，顾骏、顾晓英主持）。

May

星期日 Sunday

4日

青年节

四月初七

记事

2 | 要闻

解放日报

上海大学在青年节主题活动中为学生们上了一堂主题教育专题党课，思政课正常态化集体备课

“三个故事”讲活党的创新理论武装

打造网络视听创制高地

机场联络线七宝站站房封顶

链接楼宇商户资源和年轻消费白领，80余家国内外品牌让利

陆家嘴“品质生活节”引领生活方式

现在，书店研发、孵化内容，第一次有规模地将业务链条向上游延伸

当年轻人走进书店“共创”戏剧

松江“00后”高技能人才邵渝鹏获“中国青年五四奖章”

精雕细琢少年郎，志做当代公输班

2023年5月5日 《解放日报》刊登《上海大学在青年节主题活动中为学生们上了一堂主题教育专题党课，思政课正常态化集体备课——“三个故事”讲活党的创新理论武装》。

5月

May

星期一 Monday

5日

四月初八 立夏

记事

2019年5月6日　上海大学召开2019年度第四期课程思政经验交流会，课程思政专业课程立项课程团队、华中农业大学6位专业课教师、浙江树人大学教务处4位教师参会；2018—2019学年春季学期“生命智能”第七课“效率优势，人工智能能促进医疗公平吗？”开讲（顾骏、上海市第六人民医院心内科主任沈成兴主讲）。

2023年5月6日　课程思政建设研讨会暨西部高校课程思政建设联盟成立大会在西安交通大学召开，顾晓英应邀参会并作主旨报告。

2024年5月6日　90后新中餐主厨崔迪做客2023—2024学年春季学期“创业人生”第九课“同济大学毕业后，我为什么去做了厨师？”（特邀主持人Fu大爷，刘寅斌主持）。

May

星期二　Tuesday

四月初九

记 事

2018年5月7日　2017—2018学年春季学期“人工智能”第七课“智能与机器：约会还是结婚？”开讲（骆祥峰、杨扬主讲，顾骏主持）。

2022年5月7—24日　上海大学教务部、教育部课程思政教学研究示范中心（上海大学）、内蒙古科技大学教师发展与教育教学评估中心，上海大学教师教学发展中心联合举办示范领航：课程思政建设教师研修班。

5月

May

星期三　Wednesday

7日

四月初十

2019年5月8日　2018—2019学年春季学期“创新中国”课程翻转课堂教学，学生分小组开展项目研究。

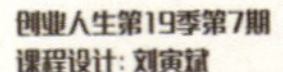

2公分宽，1公里深的赛道
——咖啡杯如何柔性生产

对话嘉宾: 李强
上海励品实业有限公司，运营经理
上海大学 2014届 信息管理与信息系统

从事咖啡杯生产销售近十年，熟悉咖啡杯及相关市场。
公司提供高品质柔性咖啡杯，礼品定制，服务众多咖啡茶饮品牌，把握潮流饮品流行趋势，助力产品个性化表达。

#学生pre

2023年5月8日　上海励品实业有限公司运营经理李强做客2022—2023学年春季学期“创业人生”第七课“2公分宽、1公里深的赛道——咖啡杯如何柔性生产”（刘寅斌主持）。

5月 May

星期四 Thursday

8日

四月十一

记事

2017年5月9日　2016—2017学年春季学期“时代音画”第六课“新时代如何奏响‘红旗颂’？”、第七课“‘春天的故事’里百花如何齐放？”开讲（顾晓英、卿扬、王思思、竺剑主讲）。

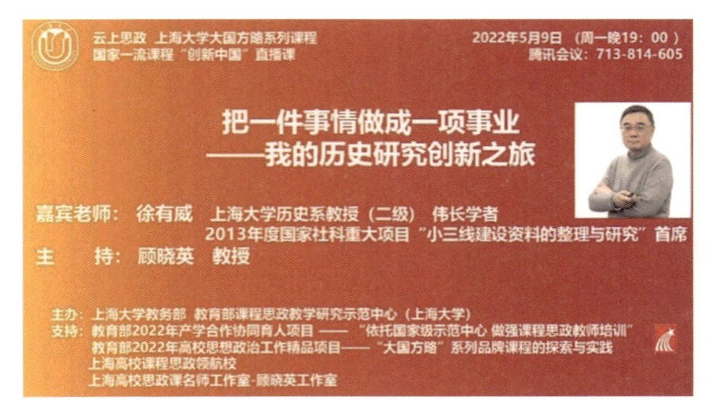

2022年5月9日　2021—2022学年春季学期“创新中国”直播课“把一件事情做成一项事业——我的历史研究创新之旅”“云上思政”系列公开课开讲（徐有威主讲，顾晓英主持）。

May

星期五 Friday

四月十二

记事

2017年5月10日　2016—2017学年春季学期“创新中国”第七课“量子物理是否离我们遥远？”开讲（陈玺、王潮主讲，顾晓英、王远弟主持）。

2021年5月10日　2020—2021学年春季学期“创业人生”课后合影。

5月

May

星期六 Saturday

10日

四月十三

记事

2016年5月11日　2015—2016学年春季学期“创新中国”第八课“材料也有‘基因’吗？”开讲（张金仓、香港科技大学教授温维佳主讲，顾骏、顾晓英主持）。

2024年5月11日　第二届中国化时代化马克思主义理论教育教学研讨会在郑州大学召开，顾晓英作主旨报告，分享上海大学“大国方略”系列课程建设经验。

5月

May

星期日 Sunday

11日

四月十四

记事

2017年5月12日　上海大学“创新中国”课程团队应邀赴西安作招生推广，在虹桥机场翻看刚出版的教材。

May

星期一 Monday

12日

四月十五

记事

2017年5月13日　顾骏和顾晓英应邀在西安市图书馆以公开课方式作招生宣传。

2019年5月13日　2018—2018学年春季学期“生命智能”第八课“生命特权，人工智能会分裂人类吗？”开讲（顾骏主讲）。

2021年5月13—15日　上海大学课程思政教学研究中心负责人顾晓英、上海大学理学院党委书记盛万成一行前往山东省荣成市郭永怀事迹陈列馆，开辟课程思政实践教学基地。

5月

May

星期二 Tuesday

13日

四月十六

记事

2018年5月14日　2017—2018学年春季学期“人工智能”第八课“机器人之间也有伦理关系吗？”开讲（谢少荣主讲，顾骏主持）。

5月 May

星期三 Wednesday

14日

四月十七

记事

2020年5月15日　上海大学召开新时代领航高校思政课+课程思政教学创新研讨会，来自复旦大学、上海交通大学、上海中医药大学的嘉宾与上海大学马克思主义学院教师代表、课程思政领航团队负责人代表、部分领航课程负责人及教师工作部、人事处、宣传部负责人共30余人参会，全国政协委员、上海大学副校长汪小帆主持会议；顾晓英接受中国教育电视台采访。

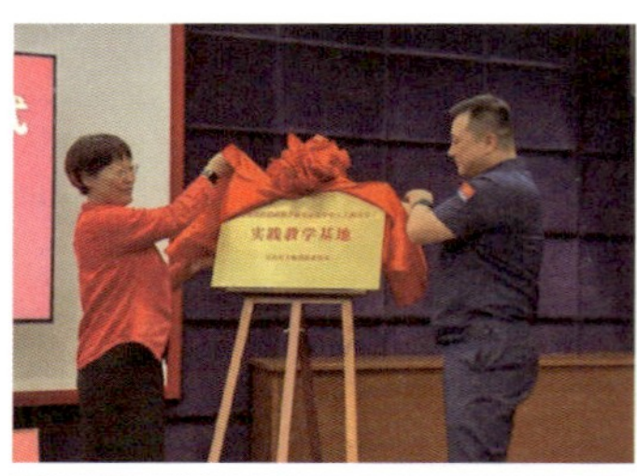

2023年5月15日　上海大学课程思政实践教学基地挂牌仪式在上海市宝山区大场镇消防救援支队举行，“创新中国”课程班学生代表前往大场镇消防救援支队开展沉浸式、参与式实践教学；趣玩网络首席战略官庄明浩做客2022—2023学年春季学期“创业人生”第八课“AI时代要来了么？——ChatGPT与AGI”（刘寅斌主持）。

May

星期四 Thursday

15日

四月十八

记事

2017年5月16日　2016—2017学年春季学期“时代音画”第八课“传统音画能老树发新芽吗？”开讲（王文杰、陆星毅、徐瑢野主讲，顾晓英主持）。

2018年5月16日　2017—2018学年春季学期“创新中国”第八课“科技创新何以离不开基础理论研究？”开讲（楚海建、余长君、陈玺主讲，顾晓英主持）。

5月

May

星期五 Friday

16日

四月十九

记事

2017年5月17日　2016—2017学年春季学期“创新中国”第八课“交通流创新与高铁交通创新体系”开讲（董力耘、甄志宏主讲，顾晓英主持）。

2021年5月17日　熊猫传媒集团董事长、长江商学院营销学导师、中国人民大学新闻学院传播学导师申晨做客2020—2021学年春季学期“创业人生”第六课“这个时代给我们最大的机会是什么？”（刘寅斌、顾晓英主持）。

5月 May

星期六 Saturday

17日

四月二十

记事

2016年5月18日　2015—2016学年春季学期“创新中国”第九课“技术创新如何突破创新悖论？”开讲（张新鹏、王国中主讲，顾骏、顾晓英主持）。

× 上海大学召开新时代领航高校思政课+...　···

上海大学召开新时代领航高校思政课+课程思政创新教学研讨会

2020年05月18日 07:59　来源：中新网上海

中新网上海新闻5月18日电（殷晓）上海大学15日举办“新时代领航高校思政课+课程思政教学创新研讨会”。来自复旦大学、上海交通大学、上海中医药大学的五名嘉宾与上海大学马克思主义学院教师代表、课程思政领航团队负责人代表、部分领航课程负责人及教师工作部、人事处、宣传部负责人共30余人与会。

2020年5月18日　“中国新闻网”报道《上海大学召开新时代领航高校思政课+课程思政创新教学研讨会》的消息。

5月

May

星期日 Sunday

18日

四月廿一

记事

2020年5月19日　上海大学“大国方略”课程团队应邀参加人民网优学院教师教学能力提升公益直播项目——“领航课程思政　落实立德树人”，聂永有主讲“立德树人，经国济民——领航学院的课程思政工作探索”。

5月　　May

星期一　Monday

19日

四月廿二

2019年5月20日　2018—2019学年春季学期“生命智能”第九课“追求完美，科学干预有上下限吗？”开讲（袁晓君、顾骏主讲）。

2023年5月20—22日　“协同育人”视域下课程思政建设师资培训会在吉林大学召开，顾晓英、张莹作主旨报告。

5月

May

星期二 Tuesday

20日

四月廿三

记事

2018年5月21日　2017—2018学年春季学期“人工智能”第九课“中国机器人何时成为机器中国人？”观摩课开讲（张新鹏、顾骏、李明主讲）。

5月

May

星期三 Wednesday

21日

四月廿四 小满

记事

2018年5月22日　“人工智能”观摩课暨全国高校“课程思政”教学论坛在上海大学举办。

2021年5月22—23日　江苏省高校体育课程思政建设培训班在南京审计大学举办，顾晓英作主旨报告。

May

星期四 Thursday

22日

四月廿五

记事

2017年5月23日　2016—2017学年春季学期“时代音画”第九课“时代音画90后的体认”开讲（顾晓英、狄其安主讲）。

May

星期五　Friday

23 

四月廿六

记事

2018年5月24日　“经国济民”超星直播公开课暨《经国济民——中国之谜中国解》《经国济民课程直击》新书首发仪式举行。

2021年5月24日　上海大学召开新时代青年如何发扬和传承“两弹一星”精神暨上大师生缅怀郭永怀先生事迹学习报告会，郭永怀事迹陈列馆馆长李波主讲，理学院党委书记盛万成主持，教务部副部长、上海高校思政课名师工作室主持人顾晓英，郭永怀先生弟子、上海大学戴世强教授的学生、力学与工程科学学院教授卢东强，基础教育集团办公室常务副主任李志芳，理学院党委班子成员以及来自马克思主义学院、力学与工程科学学院学院、理学院等院系的40余名师生聆听报告。

May

星期六 Saturday

24日

四月廿七

记 事

2016年5月25日　2015—2016学年春季学期“创新中国”第十课“万众创新，我在哪里？”开讲（顾骏、顾晓英主讲），聂永有、肖俊杰、蒲华燕、刘娇蕾出席为学生答疑。

2023年5月25日　百色学院党委书记兰桂玲一行前来上海大学访问，参观顾晓英工作室。

5月

May

星期日 Sunday

25日

四月廿八

记事

中国新闻网 | 上海
www.sh.chinanews.com(上海新闻网)

发掘党史校史红色资源 上海大学开启思政课沉浸式体验

2023年05月26日 20:58 来源：中新网上海

中新网上海新闻5月26日电（沈铄 许婧）“顾正红同志这样的工人不少，他们就在台下，在人群中，时刻准备用滔天的怒火，为争取权利和自由斗争！”“好！好！”5月18日晚上，上海大学嘉定校区1教333教室的“毛概”课堂上欢呼鼓舞。随着演员们的振臂高呼，同学们或是鼓掌示意，或是出口叫好，纷纷参与到这一场别开生面的沉浸式体验红课中来。

近年来，上海大学马克思主义学院积极落实教育部要求，通过创新思政课教育模式，开启沉浸式体验课教学改革探索，引导学生深刻理解“中国共产党为什么能、马克思主义为什么行、中国特色社会主义为什么好”，培养当代大学生树立“四个自信”的价值认同和强化使命担当意识。

“沉浸式体验红课”项目由悉尼工商学院学生沈铄、徐刘、刘星雨、胡逸杨、冯伊婷、申天奕与井冈山大学学生刘诗颖、陈燕兴共同发起成立，并由马克思主义学院王金伟老师、悉尼工商学院帅萍老师与井冈山大学张玉莲教授联合指导。团队经过前期调研发现，当前高校思政课授课方式形式单一，学生参与热情不高等问题，指导老师与团队成员共同商议，结合教材内容和党史校史典型人物、事件、案例等进行设计编排，最终推出一

2023年5月26日　“中国新闻网”报道《发掘党史校史红色资源 上海大学开启思政课程沉浸式体验》的消息。

5月

May

星期一 Monday

26日

四月廿九

记事

2017年5月27日　“创新中国”系列课程教学团队第二期“同乐”教授论坛举办。

2019年5月27日　2018—2019学年春季学期“生命智能”第十课“道法自然，永生能与痛苦相随吗？”开讲（顾骏主讲）。

2021年5月27—29日　2021（首届）中国终身学习大会在福州召开，顾晓英作报告。

5月

May

星期二　Tuesday

27日

五月初一

记事

2018年5月28日　2017—2018学年春季学期“人工智能”第九课“人类智能与机器智能会是什么关系？”开讲（陈玺、王国中主讲，顾骏主持）。

2024年5月28日　上海大学举办第75期教师教学沙龙暨2024年课程思政第四次专题培训（武汉大学课程思政教学研究中心教学评价研究室主任、马克思主义学院副教授王郢主讲，顾晓英主持）。

May

星期三 Wednesday

28日

五月初二

记事

ECUPL

习近平文化思想“三进”工作系列讲座
“同向同行”课程思政专题培训

-培训主题-

学习习近平文化思想
推进课程思政高质量建设

主讲嘉宾

顾晓英，上海大学教授，博导，伟长学者，上海高校思政课名师工作室——“顾晓英工作室”主持人，教育部课程思政教学研究示范中心（上海大学）负责人。领衔国家级教学成果奖二等奖2项，参与国家级教学成果奖二等奖1项。曾被评为2022年度宝钢优秀教师特等奖，2019年度上海市“四有”好教师（教书育人楷模）等。

顾晓英

参加对象

本次培训面向全体教师员工，特别是入选2024年青年助教计划和入选首批“优师培育计划”的教师，可计入教师发展中心培训考核，作为职称评审、优师计划的考核依据及各类教学荣誉评选的参考指标。请有意参加培训的教师于5月29日10:00前扫码报名，欢迎广大教师积极参与！

培训时间：2024年5月29日（周三）12:00-13:30
培训方式：线上讲座，腾讯会议号：686506078
会议密码：827574

扫码报名
敬请期待

主办单位
教务处教师发展中心

2024年5月29日　华东政法大学举办习近平文化思想“三进”工作系列讲座“同向同行”课程思政专题培训，顾晓英作题为“学习习近平文化思想　推进课程思政高质量建设”的线上讲座。

5月

May

星期四 Thursday

29日

五月初三

记事

2017年5月30日　2016—2017学年春季学期“时代音画”结课，学生分享学习收获，课程团队老师合影留念。

2024年5月30日　顾晓英在上海市司法警官学校作题为“深入学习习近平文化思想 切实担负起新的文化使命”的专题讲座。

5月

May

星期五　Friday

30日

五月初四

记事

2017年5月31日　2016—2017学年春季学期“创新中国”第十课“万众创新 我在哪里”开讲（刘寅斌主讲，顾晓英主持）。

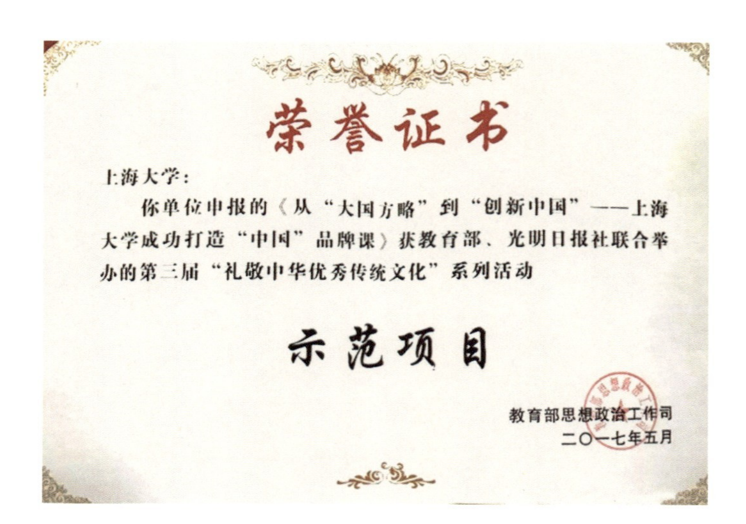

荣誉证书

上海大学：

你单位申报的《从“大国方略”到“创新中国”——上海大学成功打造“中国”品牌课》获教育部、光明日报社联合举办的第三届“礼敬中华优秀传统文化”系列活动

示范项目

教育部思想政治工作司

二〇一七年五月

2018年5月　上海大学《从“大国方略”到“创新中国”——上海大学成功打造“中国”品牌课》获教育部、光明日报社联合举办的第三届“礼敬中华优秀传统文化”系列活动示范项目。

5月 May

星期六 Saturday

31日

五月初五

2025

6月

June

新民客户端

飞入寻常百姓家

下载APP

上海大学与内蒙古科技大学示范领航课程思政建设

教育 2022-06-01 09:47:36

来源：新民晚报 作者：王蔚

图说：上海大学联袂内蒙古科技大学推出“示范领航：课程思政建设教师研修班”采访对象供图

新民晚报讯（记者 王蔚）如何统筹做好疫情防控与教育教学？如何帮助教师找准育人角度、提升育人能力、讲好抗疫“大思政课”？日前，上海大学联袂内蒙古科技大学推出“示范领航：课程思政建设教师研修班”。内蒙古科技大学党委委员、副校长赵增武，上海大学党委常委、副校长聂清出席开班仪式并分别致辞。上海大学、内蒙古科技大学的一流专业负责人、一流课程负责人、课程思政各类项目负责人及专任教师600余人参加了研修班开班仪式与首场报告。研修活动全程主持人为顾晓英和孙秀宇。

开班式后，上海大学教务部副部长、教育部课程思政教学研究示范中心（上海大学）负责人、上海高校思政课名师工作室“顾晓英工作室”主持人顾晓英教授，以《从“领航校”到教育部“示范中心”：上海大学课程思政的高质量建

2022年6月1日　“新民晚报”报道《上海大学与内蒙古科技大学示范领航课程思政建设》的消息。

2023年6月1日　上海市课程思政示范项目、教学设计展示活动表彰会暨教学展示会在上海大学召开，会上宣读了首批28项上海市课程思政示范项目表彰名单和首届7位教师入选上海市课程思政教学设计展示活动表彰名单，上海市教科院党委书记汪歙萍、华东师范大学教务处副处长谭红岩、教育部课程思政教学名师叶志明、上海市课程思政教学名师金波等出席。

June

星期日 Sunday

1日

儿童节

五月初六

2018年6月2日　顾晓英在长春中医药大学作题为“课程思政的实践与思考——以‘大国方略’系列课程为例”的报告；顾晓英应邀赴清华大学学堂在线作课程思政建设专题报告。

June

星期一　Monday

2日

五月初七

记事

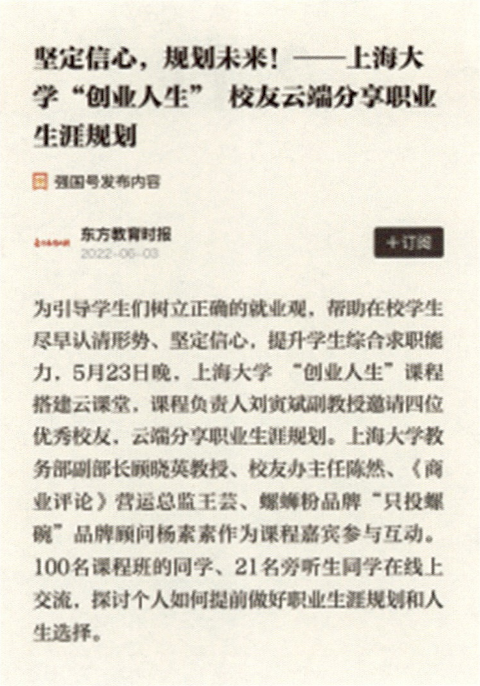

坚定信心，规划未来！——上海大学“创业人生” 校友云端分享职业生涯规划

强国号发布内容

东方教育时报
2022-06-03

+订阅

为引导学生们树立正确的就业观，帮助在校学生尽早认清形势、坚定信心，提升学生综合求职能力，5月23日晚，上海大学 “创业人生”课程搭建云课堂，课程负责人刘寅斌副教授邀请四位优秀校友，云端分享职业生涯规划。上海大学教务部副部长顾晓英教授、校友办主任陈然、《商业评论》营运总监王芸、螺蛳粉品牌“只投螺碗”品牌顾问杨素素作为课程嘉宾参与互动。100名课程班的同学、21名旁听生同学在线上交流，探讨个人如何提前做好职业生涯规划和人生选择。

2022年6月3日　“学习强国”报道《坚定信心，规划未来！——上海大学“创业人生”校友云端分享职业生涯规划》的消息。

June

星期二 Tuesday

3日

五月初八

2016年6月4日　“大国方略”课程建设暨高校思政课话语体系构建学术研讨会在安徽理工大学召开，忻平、李梁、欧阳光明、顾晓英等出席并作交流发言。

June

星期三　Wednesday

4日

五月初九

记事

2020年6月5日　中国教育电视台报道《教育部：全面推进高校课程思政建设》的消息，顾晓英工作室照片墙成为报道背景。

6月

June

星期四 Thursday

5日

五月初十 芒种

记事

文汇APP下载 下载APP

上海创新打造“校史课堂”“实景课堂”“数字课堂”“主播课堂”！青年学子这样学党史，入脑入心

2021-06-06 20:35:03 作者：王星 储舒婷

“把党史学习融入学科专业教学之中，既是塑造学生心灵，也是塑造教师德才素质非常好的途径。立德树人，是教师肩挑的刚性责任。”今天举行的上海学校依托课程思政育人体系深入推进党史学习教育活动现场，92岁高龄的“人民教育家”于漪通过视频，语重心长地勉励沪上教师，要把传授知识的单项功能转换成全面的育人功能，让盛世之下的学生能够懂得自己肩负的责任，懂得知恩感恩，挑起为国为民的重担，挑起党和国家的未来。

自党史学习教育启动以来，上海教育系统推动全市各级各类学校充分结合社会生活大场景，创新课堂形式，依托课程思政育人体系，扎实开展党史学习教育：**创新打造了一批“校史课堂”“实景课堂”“数字课堂”“主播课堂”，让校史、场馆、英模成为党史学习的“教材”、“教室”和“教师”，通过无数鲜活生动的案例让百年党史在大中小学生中入脑入心。**

2021年6月6日　“文汇报”报道《上海创新打造“校史课堂”“实景课堂”“数字课堂”“主播课堂”｜青年学子这样学党史，入脑入心》的消息。

2023年6月6日　2023年“课程思政活动月”，顾晓英应邀担任松江大学城（研究生）课程思政教学设计比赛评委。

6月

June

星期五　Friday

五月十一

记事

文匯報

2021年6月7日 星期一

新华社播发署名"宣言"的文章——

社会主义没有辜负中国

奋斗百年路 启航新征程 · 学党史 悟思想 办实事 开新局

依托课程思政育人体系，上海大中小学创新打造"校史课堂""实景课堂""数字课堂""主播课堂"

社会生活鲜活大场景成生动教材
百年党史燃亮青年学子信仰之炬

教育整顿只是手段，服务群众才是目的

上海司法行政队伍教育整顿动真碰硬见真章

大力实施"+生态""生态+"发展战略

第27届上海电视节开幕 建党百年主题贯穿始终

"百年风华·视听共享"全球播映活动启动，传播好中国声音展示真实立体全面的中国

第27届上海电视节开幕论坛举行，与会嘉宾探讨主题创作发展趋势

要让正能量产生大流量好声音成为最强音

全力保障高考安全平稳有序举行

2021年6月7日　《文汇报》刊登《传统课程思政育人体系，上海大中小学创新打造“校史课堂”“实景课堂”“数字课堂”“主播课堂”——社会生活鲜活大场景成生动教材　百年党史燃亮青年学子信仰之炬》，讲述“光影中国”育人故事。

June

星期六　Saturday

7 日

五月十二

记事

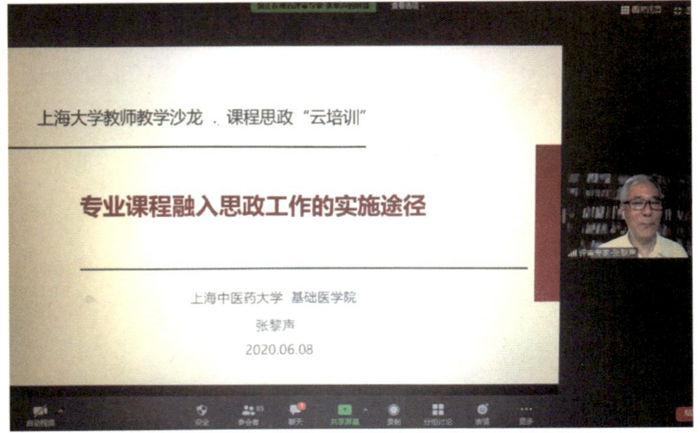

2020年6月8日　上海大学举办上海大学教师教学沙龙暨课程思政“云培训”，上海中医药大学教授张黎声作题为“专业课程融入思政工作的实施途径”的线上讲座。

June

星期日 Sunday

8日

五月十三

记事

2021年6月9日 “同心聚力 逐梦同行”上海大学女教授创新论坛举办。顾晓英作题为“我是‘串珠线’‘项链’照亮大学课堂”的分享。

2023年6月9日 上海信息技术学校召开课程思政报告会，顾晓英应邀作题为“推进二十大精神进课堂 推动课程思政高质量建设”的报告。

6月

June

星期一　Monday

9日

五月十四

记事

2020年6月10日　上海大学“领航课程思政　落实立德树人——第五期‘我与书记面对面’座谈会”召开，校党委书记成旦红与“大国方略”系列课程教学团队老师座谈。

2021年6月10日　教育部课程思政建设工作推进会在江西省井冈山大学召开，上海大学课程思政教学研究中心获批教育部课程思政教学研究示范中心；上海大学力学与工程科学学院教授叶志明领衔的“土木工程概论”课程入选教育部课程思政示范课程，课程教学团队同步入选教育部课程思政教学名师和团队。

6月

June

星期二 Tuesday

10日

五月十五

记事

2023年6月11日　上海大学举办课程思政专题培训暨2023年第二期课程思政工作坊活动。

6月

June

星期三 Wednesday

11日

五月十六

记事

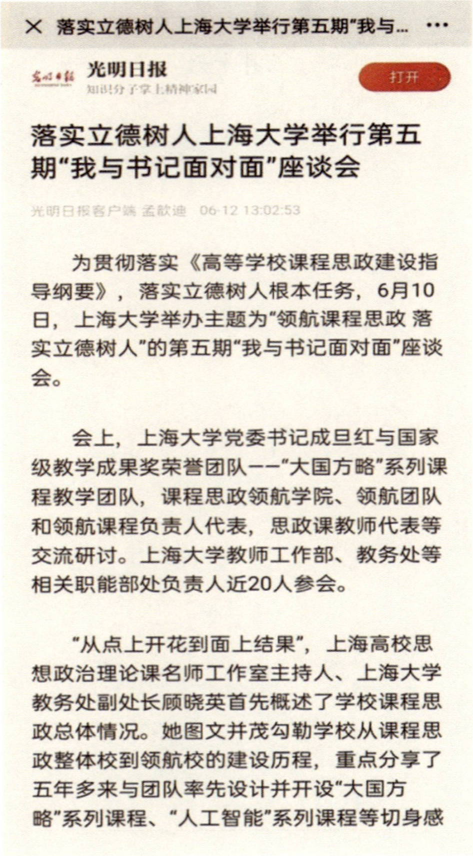

× 落实立德树人上海大学举行第五期"我与...

光明日报
知识分子掌上精神家园
打开

落实立德树人上海大学举行第五期"我与书记面对面"座谈会

光明日报客户端 孟歆迪 06-12 13:02:53

为贯彻落实《高等学校课程思政建设指导纲要》，落实立德树人根本任务，6月10日，上海大学举办主题为"领航课程思政 落实立德树人"的第五期"我与书记面对面"座谈会。

会上，上海大学党委书记成旦红与国家级教学成果奖荣誉团队——"大国方略"系列课程教学团队，课程思政领航学院、领航团队和领航课程负责人代表，思政课教师代表等交流研讨。上海大学教师工作部、教务处等相关职能部处负责人近20人参会。

"从点上开花到面上结果"，上海高校思想政治理论课名师工作室主持人、上海大学教务处副处长顾晓英首先概述了学校课程思政总体情况。她图文并茂勾勒学校从课程思政整体校到领航校的建设历程，重点分享了五年多来与团队率先设计并开设"大国方略"系列课程、"人工智能"系列课程等切身感

2020年6月12日　"光明日报"报道《落实立德树人　上海大学举行第五期"我与书记面对面"座谈会》的消息。

6月

June

星期四　Thursday

12日

五月十七

记事

中国新闻网 | 上海
www.sh.chinanews.com(上海新闻网)

上大课程思政教学研究中心入选教育部"课程思政教学研究示范中心"

2021年06月13日 19:52 来源：中新网上海

中新网上海新闻6月13日电(殷皓 许婧)上海大学课程思政教学研究中心近日获批"课程思政教学研究示范中心"；力工学院叶志明教授领衔的"土木工程概论"课程入选"课程思政示范课程"，该课程相应的负责人和教学团队，入选"课程思政教学名师和团队"。

上海大学课程思政教学研究中心，入选教育部"课程思政教学研究示范中心"，中心挂靠教务部。学校高度重视思政课建设和课程思政建设，致力打造齐抓共管的大思政格局，融合多部门，贯通大中小学，明确各类课程在课程思政建设中的重要作用，在统筹规划、示范引领、师资建设、理论研究等方面扎实推进。"大国方略"系列课程曾获国家级教学成果奖二等奖。学校被誉为"中国系列"课程的策源地，获评国家级教学成果奖二等

2021年6月13日 "中国新闻网"报道《上大课程思政教学研究中心入选教育部"课程思政教学研究示范中心"》的消息。

2024年6月13日 上海市劳模先进与青年教师结对仪式在上海教育会堂举行，顾晓英接受聘书，担任参赛教师张青子衿的指导教师。

6月

June

星期五 Friday

13日

五月十八

记事

2021年6月14日　上海高校思政课名师工作室主持人研讨会在上海应用技术大学召开，顾晓英参会。

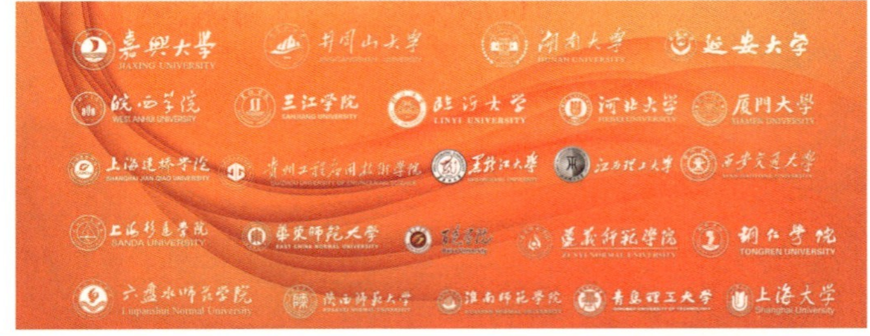

2024年6月14—15日　由教育部课程思政教学研究示范中心（上海大学）、全国高校党史类课程联盟主办，嘉兴大学马克思主义学院、红船精神研究中心、浙江省思政课名师工作室、全国思想政治理论课教师研修基地（嘉兴大学）共同承办的全国高校党史类课程联盟第四次联席会议在嘉兴大学召开。

6月

June

星期六 Saturday

14日

五月十九

2023年6月15日　全国高校党史类课程联盟第三次联席会议在皖西学院召开，皖西学院党委书记袁维海、六安市委宣传部常务副部长韩旭、北京大学教授仝华等出席并致辞，会后集体考察金寨县革命博物馆。

6月

June

星期日 Sunday

15日

五月二十

2020年6月16日　上海大学基础教育集团李志芳、教务处顾晓英一行前往四川省宜宾市调研中小学教育教学改革，当晚到凉水井中学考察学生夜自修状况。

6月

June

星期一　Monday

16日

五月廿一

记事

搜狐 新闻 体育 汽车 房产 旅游 教育 时尚 科技 财经

好书·书单 | 从“大国方略”到“领航高校”——前行中的上海大学课程思政建设

2020-06-17 19:51

近日，教育部印发了《高等学校课程思政建设指导纲要》（以下简称《纲要》），并于6月8日组织召开“全面推进高等学校课程思政建设工作视频会议”，对“高校课程思政建设干什么、怎么干、谁来干”进行全面部署。

如何建好课程思政领航校？如何提升教师育德意识和育德能力？如何全面推进所有学科课程思政建设？如何对接课程思政目标，挖掘每一门课程及其教学环节中内蕴的思政元素，做好课程设计与思政融入？学科与专业如何开展课程思政？如何切实把握课程思政工作与教书育人初心之间的深层次关联？

课程思政是全方位行动。

上海大学已基本形成“学校党委统一全面领导、党委宣传部抓总营造氛围、教务处研究生院负责课堂落实、院系主体具体推进、各部门密切协同、教师主体作用充分发挥”的工作格局。2019年下半年，结合“不忘初心、牢记使命”主题教育，上海大学做全做细做实做亮课堂教学主渠道的立德树人工作。

而今在上海大学，“门门课程有思政，教师人人会育人，党员个个当先锋”的课程育人风景正在形成。在这风景里，有课程思政团队，有课程思政名师，有课程思政金课，还有凝聚着名师智慧、体现一流课程质量的课程思政精品力作。

2020年6月17日　上海大学基础教育集团李志芳、教务处顾晓英一行出席四川省宜宾市教育局中小学校长座谈会；“搜狐”报道《好书·书单丨从“大国方略”到“领航高校”——前行中的上海大学课程思政建设》的消息。

6月

June

星期二　Tuesday

17日

五月廿二

记事

2020年6月18日　上海大学基础教育集团李志芳、教务处顾晓英等在四川省宜宾市凉水井中学与学生互动交流，点燃学生梦想，连接大中小学思政教育。

6月

June

星期三　Wednesday

18日

五月廿三

记事

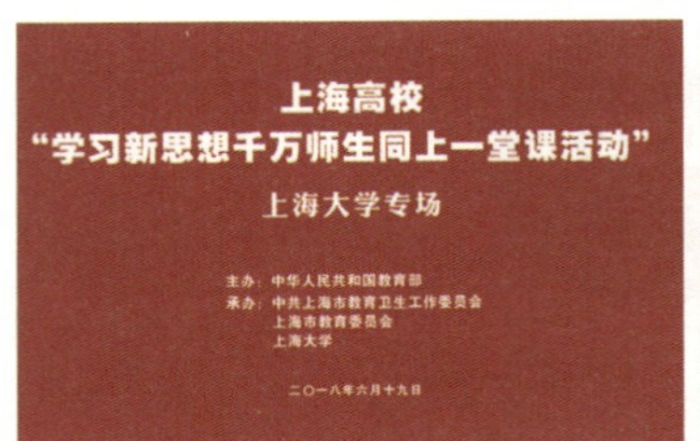

2018年6月19日　由中华人民共和国教育部主办、上海大学等承办的上海高校“学习新思想千万师生同上一堂课活动”上海大学专场举行（欧阳光明主讲，顾晓英主持）。

2021年6月19日　有“颜值”有“言值”：“党史教育点亮课堂”——红色传承课程建设高层研讨会暨全国高校党史类课程联盟成立会议在上海大学召开，课程联盟由上海大学牵头发起，首批会员单位有10家，分别为上海大学、贵州工程应用技术学院、湖南大学、嘉兴学院、井冈山大学、临沂大学、三江学院、皖西学院、西安交通大学、延安大学等的党史类课程团队。

6月

June

星期四 Thursday

19日

五月廿四

2023年6月20日　上海对外经贸大学举办2022—2023学年第二学期期末教师业务培训，顾晓英应邀作“大国方略”系列课程与课程思政建设经验分享。

6月

June

星期五 Friday

20日

五月廿五

记事

2016年6月21日　东方卫视报道中央政治局常委、中央书记处书记，中央党校校长，中央精神文明建设指导委员会主任刘云山在上海调研的消息，上海大学党委副书记忻平随行调研。

2019年6月21—24日　落实学校思想政治理论课教师座谈会精神暨“思政课程与课程思政”研讨会在集美大学召开，顾晓英应邀作主旨报告，介绍上海大学“大国方略”系列课程建设经验。

6月

June

星期六　Saturday

21日

五月廿六　夏至

2017年6月22日　上海电视台报道教育部2017年高校思政课教学质量年上海调研片会暨高校“课程思政”现场推进会在上海召开的消息，顾骏、顾晓英联袂讲授“大国方略”公开课，上海大学校长金东寒在会上作交流发言。

6月

June

星期日　Sunday

22日

五月廿七

记事

上海教育传媒

搜索你想要的新闻

热点 政策 报道 评论 活动 在线教博 于漪学习专区 在家上学

全国高校党史类课程联盟在上海大学成立，有"颜值"更有"言值"

第一教育 2021-06-23 15:43:54 作者：柳琴 编辑：曹田

记者 | 柳琴

6月19日，有"颜值"有"言值"党史教育点亮课程"——红色传承课程建设高层研讨会暨全国高校党史类课程联盟成立会议在上海大学宝山校区乐乎楼举行。来自上海大学、嘉兴学院、贵州工程应用技术学院、湖南大学、井冈山大学、西安交通大学、延安大学等10所高校领导及师生代表等70余人参会。

2021年6月23日 “第一教育”报道《全国高校党史类课程联盟在上海大学成立，有“颜值”更有“言值”》的消息。

6月

June

星期一　Monday

23日

五月廿八

2022年6月24日　上海大学主办的红色传承“金课”建设高层研讨会暨全国高校党史类课程联盟第二次联席会议召开，来自中国人民大学、华东师范大学、上海市社联、中国浦东干部学院、上海市九三学社、联盟校等的29名专家学者参加，会议吸引了百所高校1200多名一线教师线上参与。

6月

June

星期二 Tuesday

24日

五月廿九

记事

坚持立德树人 办好人民满意的教育

近年来，上海深入贯彻落实习近平总书记关于教育的重要论述和考察上海重要讲话精神，加强党对教育工作全面领导，以承担教育综合改革、高考综合改革和"三全育人"综合改革等试点任务为契机，在一系列重点领域和关键环节取得重大突破，已基本达成《中国教育现代化2035》确定的教育事业发展和人力资源开发主要指标。

文/ 徐瑞哲

十年树木成林 百年立德树人

减负增效提质 书写"大写"的人

改革招考制度 科学评价选拔

服务国家战略 创新创造"一流"

从"小"到"老"覆盖 从城到乡一体

2022年6月25日 《解放日报》刊登《坚持立德树人 办好人民满意的教育》。

6月

June

星期三　Wednesday

25日

六月初一

记事

2021年6月26日　上海大学课程思政推广计划（365期）：高等学校工科基础课程思政建设专题研讨会在西南交通大学召开，顾晓英应邀作题为“课程思政落地见效的顶层设计——以上海大学为例”的分享。

2024年6月26日　“行走在嘉　思政领航”嘉善县“行走的大思政课”启动仪式在上海大学附属嘉善实验学校举行，上海大学思政课名师工作室——顾晓英工作室嘉善站揭牌，顾晓英作专题报告。

6月

June

星期四　Thursday

26日

六月初二

记事

2019年6月27日　金华职业技术学院公共基础学院、马克思主义学院院长倪淑萍一行访问上海大学，顾晓英作“大国方略”系列课程建设经验介绍。

中国新闻网 | 上海
www.sh.chinanews.com(上海新闻网)

上海大学主办红色传承“金课”建设高层研讨会暨 全国高校党史类课程联盟第二次联席会议

2022年06月27日 16:13　来源：中新网上海

中新网上海新闻6月27日电（郑宝 殷晓 许婧）由上海大学主办，上海大学教务部、“教育部课程思政教学研究示范中心”“全国高校党史类课程联盟”、上海高校思想政治理论课名师工作室——顾晓英工作室承办的“红色传承‘金课’建设高层研讨会暨全国高校党史类课程联盟第二次联席会议”24日在线上召开。

研讨会以“有温度有智慧：党史教育点亮课堂”为主题，旨在弘扬伟大建党精神，进一步发挥党史育人的大课堂作用，展示全国高校党史课程育人与课程思政建设的理论研究和实践探索最新成果，打造更多红色传承“金课”，加强优质课程资源共享，让党史类课程有“颜值”有“言值”，有温度有智慧，让红色基因、革命薪火代代传承。上海大学、中国人民大学、华东师范大学、上海市社联、中国浦东干部学院、上海市九三学社、联盟校等29名专家学者参加。全天会议总共吸引了百所高校职能部处、院系一线教师等1.2万人次线上参与。

上海大学党委副书记欧阳华致欢迎辞。欧阳华指出，近年来，上海大学点上持续打响“大国方略”系列品牌课程，推出“光影中国”“中国记忆”“中国芯路”等课程，赓续红色基因，汲取智慧，凝聚力量。以点带面，学校全力推进上海高校课程思政领航校建设，牢牢抓好国家一流专业、一流课程“龙头课程”，发挥国家级示范中心、教学团队、教学名师和校课程思政名师的表率作用。2022年是上海大学的传扬之年、迎评之年、笃行之年，红色学府将进一步创新党史学习教育，迎接党的二十大召开。

2022年6月27日　“中国新闻网”报道《上海大学主办红色传承“金课”建设高层研讨会暨全国高校党史类课程联盟第二次联席会议》的消息。

6月

June

星期五 Friday

27日

六月初三

2019年6月28日　上海大学党委书记成旦红为2019届本科毕业生上思想政治课。

6月

June

星期六　Saturday

28日

六月初四

记事

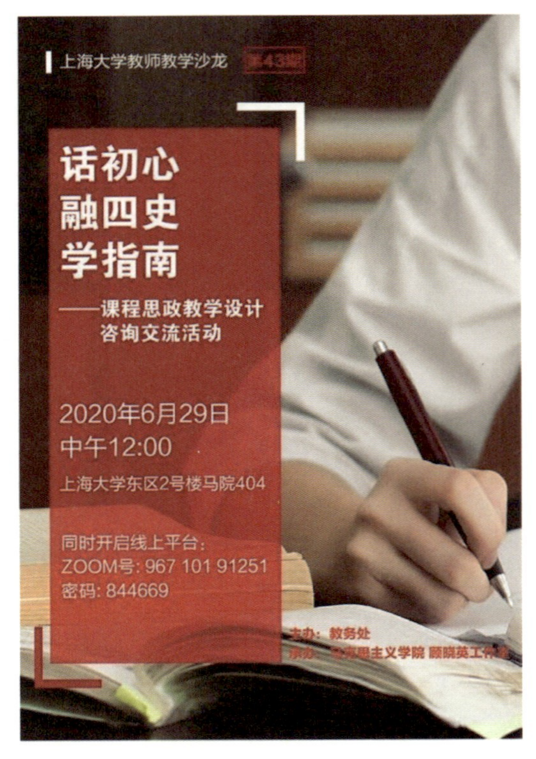

2020年6月29日　上海大学举办第43期教师教学沙龙：话初心 融四史 学指南——课程思政教学设计咨询交流活动，上海理工大学马克思主义学院院长金瑶梅担任嘉宾作线上点评。

6月

June

星期日 Sunday

29日

六月初五

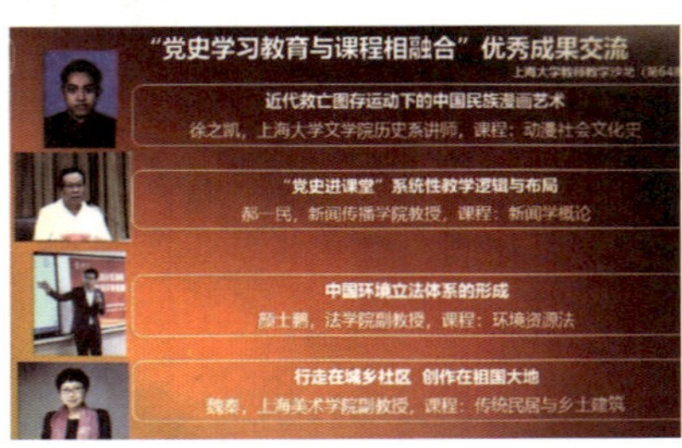

2021年6月30日　以“同庆建党百年 共绘思政同心圆”为主题的上海大学-宝山区大中小幼思政课一体化项目启动仪式及课程展示在上海大学举行，本次课程展示由上海大学与上海市宝山区教育局主办，宝山区教育学院、上海大学基础教育集团、上海大学马克思主义学院和教育部课程思政教学研究示范中心（上海大学）联合承办；2021年度上海大学“党史学习教育与课程相融合”优秀成果交流会线上召开。

2024年6月30日　叶志明为上海大学力学与工程科学学院教师作题为“师人方得为人师——从高校教学过程析师德师风之建设”的专题报告。

6月

June

星期一 Monday

30日

六月初六

记事

2025

7月

July

2021年7月1日　顾晓英荣获上海市三八红旗手标兵提名奖，应邀出席“光辉的旗帜：上海市庆祝中国共产党成立100周年文艺晚会”。

2025年
农历乙巳年

7月

July

星期二 Tuesday

1日

建党节

六月初七

记事

2020年7月2日　“青椒问道”论坛课程思政专题研讨会第四场分组研讨会召开，顾晓英、董晓峰担任点评嘉宾。

2021年7月2日　上海大学党史学习教育之电影党课《1921》暨上海电影学院“光影中国”德艺双馨讲坛第六期举行。

7月

July

星期三　Wednesday

2日

六月初八

2020年7月3日　上海大学课程思政教学设计评审会召开，上海中医药大学教授张黎声、上海外国语大学教授赵鸣歧、上海政法学院教授连淑芳担任线上评审专家。

2023年7月3日　2023年重庆邮电大学一流专业/课程建设及教师教学能力提升研修班举办，顾晓英应邀作“大国方略”系列课程建设经验分享，并到马克思主义学院考察交流。

2024年7月3日　安徽工业大学马克思主义学院教学成果奖申报研讨会召开，顾晓英应邀作分享。

7月

July

星期四　Thursday

3日

六月初九

记事

2017年7月4日　“创业人生”课程团队拍摄宣传片后在上海大学宝山校区名人大道留影。

上海大学主办红色传承“金课”建设研讨会

红色传承“金课”建设
高层研讨会

2022年7月4日　“新民晚报”报道《上海大学主办红色传承“金课”建设研讨会》的消息。

7月

July

星期五　Friday

4日

六月初十

记事

2019年7月5日　“人工智能”公开课暨“人文智能丛书”版权输出签约仪式在上海大学举行，上海市委宣传部副部长、上海市新闻出版局局长徐炯，上海市出版协会理事长胡国强，上海市教委德育处副处长杨长亮，上海大学副校长欧阳华，上海大学党委常委、宣传部部长胡大伟等出席签约仪式；上海大学出版社社长戴骏豪与施普林格大中华区总裁安诺杰进行“人文智能丛书”版权输出签约。

7月 July

星期六 Saturday

5日

六月十一

记事

2021年7月6日　长沙财经学校课程思政建设研讨会召开，顾晓英应邀作“大国方略”系列课程建设经验分享。

7月

July

星期日　Sunday

六月十二

记事

2024年7月7日　由全国高校思政课名师工作室（陕西师范大学）、渭南师范学院联合举办的“习近平关于教育强国的重要论述与新时代思政课高质量发展研讨会”召开，顾晓英应邀交流“大国方略”系列课程建设经验。

7月

July

星期一 Monday

7日

六月十三 小暑

记事

2020年7月8日　上海大学召开党委理论学习中心组（扩大）学习会，上海市委宣讲团成员、上海市党史学会会长、上海大学历史系教授忻平作学习贯彻习近平总书记七一重要讲话精神专题辅导报告，会议由校党委副书记、纪委书记段勇主持。

2023年7月8日　山东科技大学教务处刘冰一行访问教育部课程思政教学研究示范中心（上海大学）、顾晓英工作室。

7月 July

星期二 Tuesday

8日

六月十四

记事

2023年7月9日　由中华人民共和国国史学会、中国高等教育学会、国家开放大学共同主办的国史进校园工作座谈会在北京召开，顾晓英在会上发言并受聘为“红色经典进校园”专家委员会委员。

7月 July

星期三 Wednesday

9日

六月十五

记事

2018年7月10日　“量子世界”课程团队集体备课，顾骏、陈玺、张永平等出席。

7月 July

星期四 Thursday

10日

六月十六

记事

2019年7月11日　佛山科学技术学院管理技能培训班学员考察上海大学溯园，访问顾晓英工作室。

2019年7月11—12日　全国“三全育人”综合改革试点院（系）· 南开论坛在南开大学举办，顾晓英应邀作主旨报告，介绍上海大学“大国方略”系列课程育人经验。

7月

July

星期五　Friday

11日

六月十七

2021年7月12日　上海大学举办第53期教师教学沙龙，主题为“学‘七一’重要讲话 创一流管理与服务”，上海青年管理干部学院教授刘宏森授作辅导报告。

7月

July

星期六　Saturday

12日

六月十八

2023年7月13日　顾晓英应邀为广西警察学院作题为“建设教育强国　推进党的二十大精神进课堂：课程思政建设怎么做？”的线上讲座。

7月

July

星期日 Sunday

13日

六月十九

2021年7月14日　2021年上海教育系统“为党育人　为国育才”身边的好教师微电影开拍。微电影根据真人故事改编，通过叙述学生余池（化名）在思政课教师顾晓英的影响与帮助下实现跨专业深造，展现顾老师率先启用的思政课教学“项链模式”对学生、同事和青年教师的深远影响。

7月

July

星期一 Monday

14日

六月二十

记事

2020年7月15日　上海大学2019年度专业课课程思政建设成果展示暨结项答辩会召开，上海中医药大学教授张黎声、上海市委党校教授张春美、同济大学教授张宇钟、华东师范大学副教授龚咏梅和上海大学胡笑寒等担任评委，彭章友致辞。

2024年7月15日　2024年上海大学新申请课程思政名师工作室立项线上答辩会召开，李梁、聂永有、上海中医药大学教授张黎声担任评审专家，顾晓英主持。

7月

July

星期二 Tuesday

15日

六月廿一

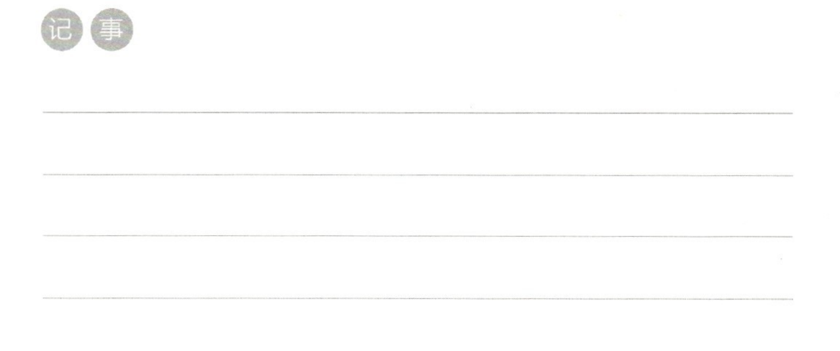

2018年7月16日　广西梧州学院干部培训班在上海交通大学举办，顾晓英应邀作“大国方略”系列课程及课程思政建设经验分享。

2019年7月16日　高校课程思政“金课”建设 延边大学培训班在延边大学举办，延边大学党委副书记李宝奇致欢迎辞，顾骏、顾晓英分别作题为“课程思政的理念与设计”与“课程思政的实践与思考”“课程思政‘金课’建设的教务管理”等讲座，来自国防科技大学、华东政法大学、吉林大学、山西师范大学、浙江中医药大学等高校的150多名骨干教师参加。

7月

July

星期三　Wednesday

16日

六月廿二

记事

2017年7月17日　顾骏、顾晓英在2017年高校思想政治理论课骨干教师社会实践研修活动上海组会议上分享课程教学创新经验。

2024年7月17日　职业院校思政课“中国系列”选修课建设研讨会在上海出版印刷高等专科学校召开，顾晓英应邀参会并作主旨报告。

7月

July

星期四 Thursday

17日

六月廿三

记事

2022年7月18日　上海职工微电影节2021年度评选结果新鲜出炉，上海市教育工会选送的6部作品荣获“金奖”“银奖”“最佳制片奖”“优秀作品奖”“优秀海报奖”等7个奖项，上海大学《点亮》夺得“金奖”，实现教育系统在全市职工微电影评选中金奖零的突破。

7月

July

星期五　Friday

18日

六月廿四

2023年7月19日　上海大学教务部工作研讨会召开，会议聚焦“迎接审核评估，落实课程育人，践行立德树人”根本任务。

7月

July

星期六 Saturday

19日

六月廿五

记事

2018年7月20日　移动教育大时代背景下的通识课程教与学研讨会在湖南长沙召开，顾晓英应邀出席并作交流发言。

2020年7月20日　第四届上海高校青年教师教学比赛上海大学总结座谈会召开，上海大学党委常委、副校长聂清出席。

7月

July

星期日 Sunday

20日

六月廿六

记事

2020年7月21日　上海电力大学召开教育教学转型规划系列报道之五：一流课程建设专题报告会，上海大学教授叶志明应邀作分享。

7月

July

星期一　Monday

21日

六月廿七

记事

2020年7月22—23日　卓越国培举办线上全国高校课程思政建设研讨会暨“卓越领航课程思政　全面提高人才培养质量”研修班，上海大学课程思政专家团队叶志明、顾晓英、肖俊杰、刘寅斌应邀授课，来自全国20余所高校近5000人次线上收看。

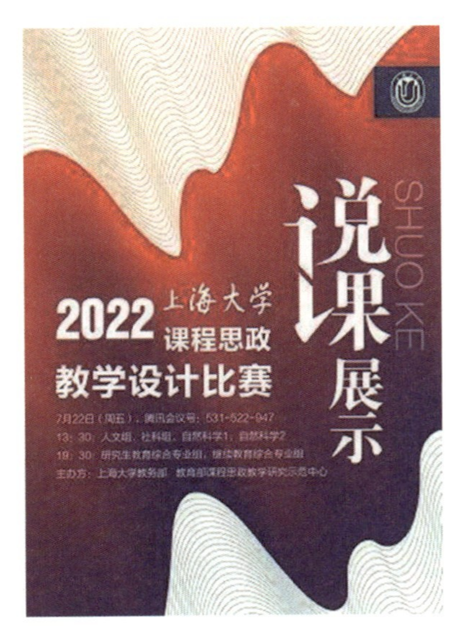

2022年7月22日　上海大学举办2022课程思政教学设计比赛之说课展示。

7月

July

星期二　Tuesday

22日

六月廿八　大暑

记事

2021年7月23日　上海大学教师教学发展中心举办青年教师教学竞赛辅导，顾晓英参与指导。

7月 July

星期三　Wednesday

23日

六月廿九

记事

2021年7月24日　上海高校思政课名师工作室——顾晓英工作室主持人顾晓英应邀赴松江大学城，为喀什大学马克思主义学院第二期思想政治理论课教师能力素养提升班的教师授课。

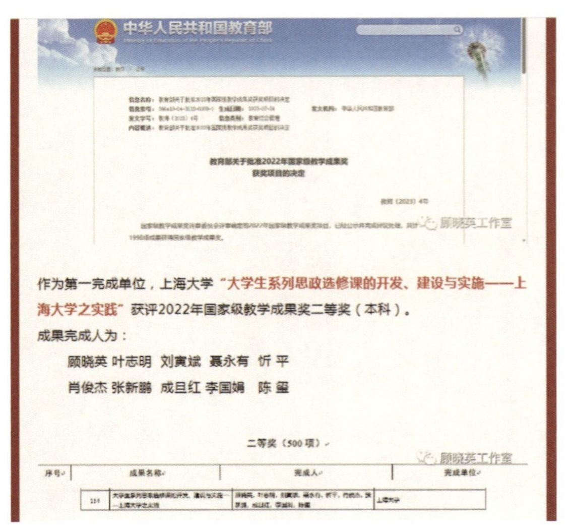

中华人民共和国教育部

教育部关于批准2022年国家级教学成果奖
获奖项目的决定

教师〔2023〕4号

作为第一完成单位，上海大学“大学生系列思政选修课的开发、建设与实施——上海大学之实践”获评2022年国家级教学成果奖二等奖（本科）。

成果完成人为：

顾晓英 叶志明 刘寅斌 聂永有 忻 平

肖俊杰 张新鹏 成旦红 李国娟 陈 玺

二等奖（500项）

序号	成果名称	完成人	完成单位
[illegible]	[illegible]	[illegible]	上海大学

顾晓英工作室

2023年7月24日　中华人民共和国教育部印发《关于批准2022年国家级教学成果奖获奖项目的决定》，公布了2022年国家级教学成果奖获奖项目名单，上海大学“大学生系列思政选修课的开发、建设与实施——上海大学之实践”获评2022年国家级教学成果奖二等奖（本科）。

7月

July

星期四　Thursday

24日

六月三十

记事

中国新闻网 | 上海
www.sh.chinanews.com(上海新闻网)

上海大学举办2022年度课程思政教学设计比赛说课展示

2022年07月25日 11:18 来源：中新网上海

中新网上海新闻7月25日电(孙梦泽 殷晓 许婧)为进一步推进课程思政高质量建设，遴选发现一批课程思政优秀教师，7月22日下午连晚上，整整8个小时，"2022上海大学课程思政教学设计比赛说课展示"在线上举办。

本次活动由上海大学教务部、研究生院和继续教育学院联合主办，教育部课程思政教学研究示范中心承办。

本次展示是上海大学首届校级课程思政教学设计比赛暨上海市级课程思政教学设计展示活动遴选工作的说课环节。按照专业类别和课程类型，展示分为人文艺术组、社会科学组、自然科学组1、自然科学组2、研究生教育综合专业组和继续教育综合专业组等6个组别。

经过文本评审，入围第二轮说课展示的是来自16个学院的24位老师。他们逐一登场，通过5分钟说课，展示思政元素如何融入自己的课程，展示教师教书育人的全过程和全环节。

上海大学教务部副部长、教育部课程思政教学研究示范中心负责人顾晓英教授担任主持。来自复旦大学、华东师范大学和上海大学的首批教育部课程思政示范课程、教学名师与团队负责人，市教科院、市委党校、社科院、上海兄弟高校等不同学科的知名专家担任本次展示的评委。上海大学党委常委、副校长聂清全程参与下午场说课展示并致辞，副校长汪小帆全程参与晚上场说课展示并致辞。研究生院副院长姚蓉、毛建华处长，继教学院院长周丽昀等线上参与晚上场说课展示。

2022年7月25日　"中国新闻网"报道《上海大学举办2022年度课程思政教学设计比赛说课展示》的消息。

7月

July

星期五　Friday

25日

闰六月初一

记事

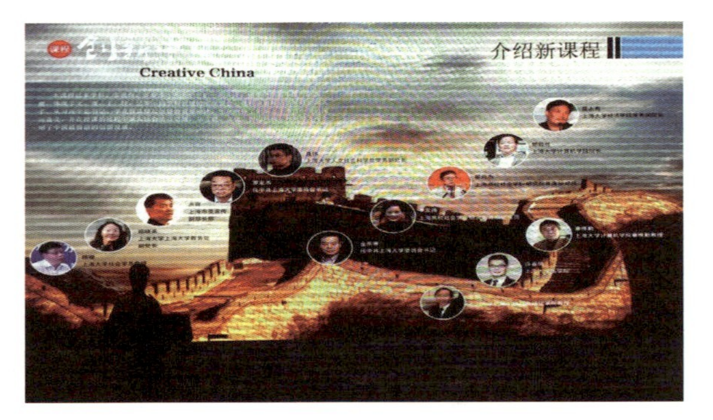

2018年7月26日　在线课程运行管理培训暨基于移动互联网的课程教学模式创新研讨会在南昌召开，顾晓英应邀作题为“中国好课程——给你创新思维体验”的专题报告；全国高校课程思政骨干教师研修班在青海师范大学举办，上海大学教务处副处长顾晓英、社会学院教授顾骏、管理学院副教授刘寅斌、法学院副院长许春明、音乐学院青年教师王思思分别介绍上海大学开展课程思政建设的经验、分享课程设计和教学组织的理念与做法。

7月

July

星期六 Saturday

26日

闰六月初二

记事

2019年7月27日　高校课程思政“金课”建设大理工作坊开课，顾骏、顾晓英出席。

7月

July

星期日 Sunday

27日

闰六月初三

记事

2018年7月28日　上海电视台报道《上海：从思政课程到课程思政 把盐融进汤里的探索》的消息。

7月

July

星期一　Monday

28日

闰六月初四

记事

2017年7月29日　顾骏、顾晓英在山东大学（威海校区）召开的全国思政课实践教学研讨会上作题为“给大学生讲述大时代——‘大国方略’系列课程建设”的报告。

7月

July

星期二　Tuesday

29日

闰六月初五

记事

顾晓英工作室开通公众号啦！

殷晓 顾晓英工作室

2016年07月30日 14:28 听全文

您好，上海市高校思政课名师工作室——“顾晓英工作室”开通微信公众号啦。她犹如新生儿，渴望得到您的关爱和支持。有各位相伴，工作室是温暖的，工作着是美丽的。

工作室宗旨：设计并打造“大国方略”、“创新中国”等品牌课，推广“项链模式”教学，探索“渗透·拓展·提升·回归”新路，即吸引多学科高水平师资渗透到思政课及其他相关课程，将育人拓展到大学生在校全时段全过程，提升思想政治教育质量，召唤更多教师以学科反哺本科教学回归教书育人。

2016年9月6日

创新么？大学生必须走出”移动硬盘“——上海大学“创新...

阅读274 赞11

2016年8月2日

记忆珍珠串“项链”之一（2007年）

阅读405 赞30

2016年7月30日

顾晓英工作室开通公众号啦！

阅读1375 赞61

2016年7月30日　顾晓英工作室公众号开通。

2024年7月30日　辽东学院党委书记赵璟一行4人考察教育部课程思政教学研究示范中心（上海大学）、上海高校思政课名师工作室——顾晓英工作室。

7月

July

星期三 Wednesday

30日

闰六月初六

记事

2015年7月　教育部“形势与政策”教指委2015年第一次工作会议在上海大学召开，聚焦“大国方略”教学创新，上海市教育委员会副主任高德毅出席，忻平、顾骏、顾晓英等参加。

2020年7月31日　上海大学承办2020年上海高校课程思政建设研讨会上海大学分论坛，来自全国15个省市64所高校的400多位教师参加会议，上海大学教务处处长彭章友主持。

7月

July

星期四　Thursday

31日

闰六月初七

记事

2025

8月

August

2024年8月1日　上海大学举办青年教师教学比赛国赛（思想政治理论课组）磨课活动，张青子衿试讲，上海大学工会常务副主席顾莹，工会副主席勾金华，教务部副部长、教师发展中心主任辛明军，教务部副部长顾晓英，马克思主义学院主持工作副院长叶海涛等出席。

8月

August

星期五　Friday

建军节

闰六月初八

《师说——课程思政教学设计与思考》
顾晓英　主编
上海大学出版社出版

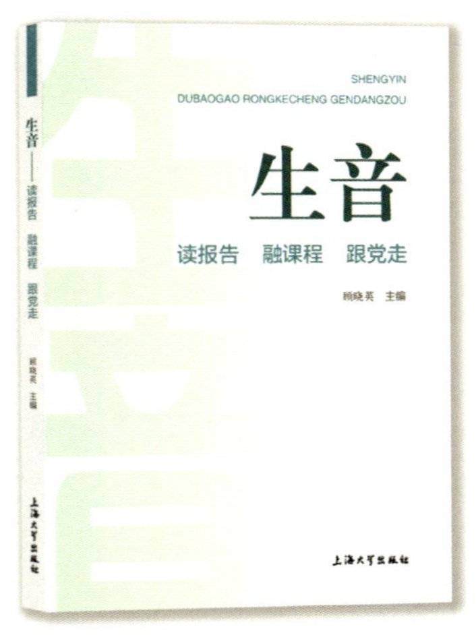

《生音——读报告　融课程　跟党走》
顾晓英　主编
上海大学出版社出版

8月

August

星期六　Saturday

闰六月初九

记事

2019年8月3日　高校课程思政“金课”建设培训班在烟台大学举办，顾晓英、顾骏分别作题为“课程思政教育教学改革的实践与思考——以‘大国方略’系列课程为例”“课程思政理念与设计”的讲座。

8月

August

星期日 Sunday

3 日

闰六月初十

记事

2020年8月4日　上海理工大学党委书记吴坚勇、校长丁晓东一行前来上海大学交流访问，顾晓英应邀作题为“上海大学课程思政建设的实践与探索”的分享。

8月

August

星期一 Monday

4日

闰六月十一

上海大学第65期教师教学沙龙　2022年8月5日 14：00 腾讯号：770-678-564

2022年度“党史学习教育与课程相融合”立项课程教学设计暨微课录制专题培训

主办：上海大学教务部　教育部课程思政教学研究示范中心（上海大学）全国高校党史类课程联盟

支持：教育部产学合作协同育人项目 “依托国家级示范中心 做强课程思政教师培训”

徐光寿

做好党史学习教育与各类课程教学的有机融合

教授

上海市中共党史学会副会长

中共上海市委党史研究室特约研究员

上海高校思想政治理论课教指委委员

课程思政的微课录制

贤云教育科技有限公司副总经理

高级化妆师

汤 颖

2022年8月5日　上海大学举办第65期教师教学沙龙：2022年度“党史学习教育与课程相融合”立项课程教学设计暨微课录制专题培训，上海市中共党史学会副会长徐光寿和贤云教育科技有限公司副总经理汤颖作了分享。

8月

August

星期二　Tuesday

闰六月十二

记事

2015年8月6日　上海市委宣传部副部长燕爽到上海大学调研，与校党委副书记、副校长李友梅，校党委副书记、纪委书记夏小和，校党委副书记、副校长徐旭等座谈交流，顾骏汇报“大国方略”课程建设的经验体会。

8月

August

星期三　Wednesday

闰六月十三

记 事

2018年8月7日　天津城市建设管理职业技术学院的教师一行前来上海大学参观访问，彭章友、顾晓英、马亮等接待，顾晓英、马亮等作经验交流。

8月

August

星期四 Thursday

7日

闰六月十四 立秋

记事

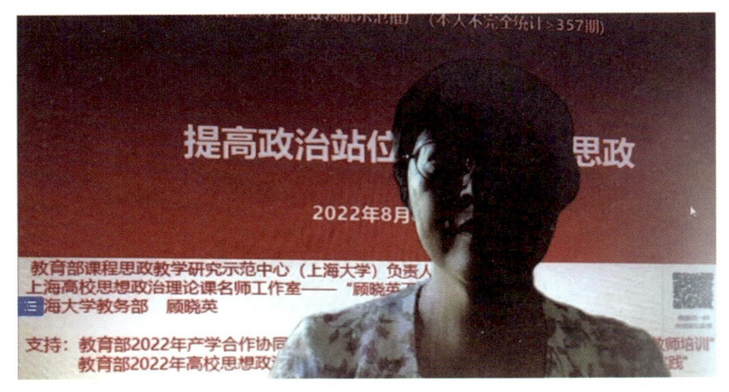

2022年8月8日　安徽理工大学线上召开思政课程建设报告会，上海大学教务部和多所学院负责人以及北京、上海、重庆等多所兄弟院校共计220多位教师参加，报告会由安徽理工大学人文社会科学学院教授方胜主持，顾晓英作题为“提高政治站位　建好课程思政”的报告。

8月

August

星期五　Friday

闰六月十五

记事

2023年8月9日　山东省高校课程思政教学沙龙在青岛农业大学举办，顾晓英应邀分享上海大学课程建设经验。

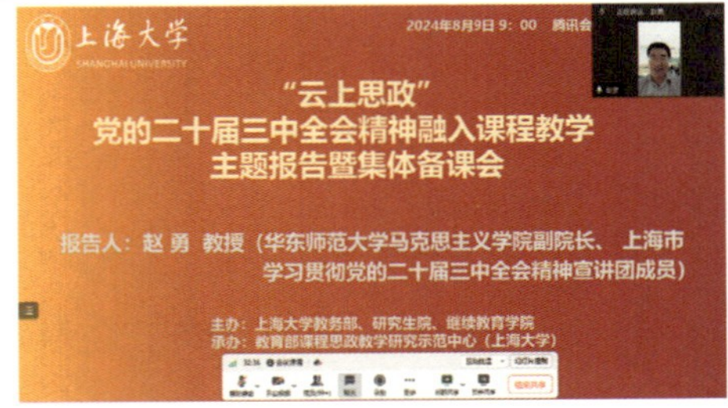

2024年8月9日　上海大学召开“云上思政”：党的二十届三中全会精神融入课程教学主题报告暨集体备课会，邀请上海市学习贯彻党的二十届三中全会精神宣讲团成员、上海大学马克思主义学院副院长高立伟和华东师范大学马克思主义学院副院长赵勇作题为“为中国式现代化提供强大动力和制度保障——学习贯彻党的二十届三中全会精神”的辅导报告。

8月

August

星期六 Saturday

9日

闰六月十六

记事

2021年8月10日　广西职业院校素质提高计划坊举办，顾晓英作题为“提高政治站位　建好课程思政”的线上分享。

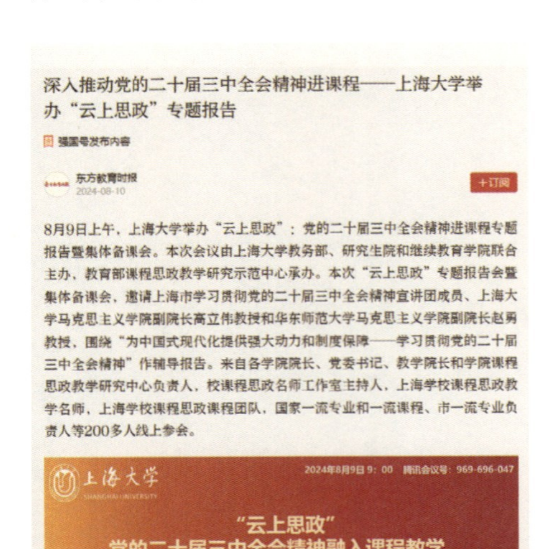

深入推动党的二十届三中全会精神进课程——上海大学举办“云上思政”专题报告

强国号发布内容

东方教育时报
2024-08-10

＋订阅

8月9日上午，上海大学举办“云上思政”：党的二十届三中全会精神进课程专题报告暨集体备课会。本次会议由上海大学教务部、研究生院和继续教育学院联合主办，教育部课程思政教学研究示范中心承办。本次“云上思政”专题报告会暨集体备课会，邀请上海市学习贯彻党的二十届三中全会精神宣讲团成员、上海大学马克思主义学院副院长高立伟教授和华东师范大学马克思主义学院副院长赵勇教授，围绕“为中国式现代化提供强大动力和制度保障——学习贯彻党的二十届三中全会精神”作辅导报告。来自各学院院长、党委书记、教学院长和学院课程思政教学研究中心负责人，校课程思政名师工作室主持人，上海学校课程思政教学名师，上海学校课程思政课程团队，国家一流专业和一流课程、市一流专业负责人等200多人线上参会。

上海大学
SHANGHAI UNIVERSITY
2024年8月9日 9：00　腾讯会议号：969-696-047
“云上思政”
党的二十届三中全会精神融入课程教学
主题报告暨集体备课会
主办：上海大学教务部、研究生院、继续教育学院
承办：教育部课程思政教学研究示范中心（上海大学）

2024年8月10日　“学习强国”报道《深入推动党的二十届三中全会精神进课程——上海大学举办“云上思政”专题报告》的消息。

8月

August

记事

2019年8月11日　高校课程思政“金课”建设珠海工作坊开讲（顾骏、顾晓英主讲）。

中国新闻网 | 上海
www.sh.chinanews.com(上海新闻网)

上海大学举办第65期教师教学沙龙开展线上培训

2022年08月11日 18:45　来源：中新网上海

中新网上海新闻8月11日电(殷晓 曹园园 许婧)上海大学教务部、教育部课程思政教学研究示范中心近日举办第65期教师教学沙龙，邀请上海市中共党史学会副会长、中共上海市委党史研究室特约研究员，上海立信会计金融学院马院教授徐光寿为第二期党史学习教育与课程相融合项目组教师作辅导，资云教育科技公司副总经理、高级化妆师汤颖给第五期课程思政微课录制提出建议要求。学校2022年度“党史学习教育与课程相融合”示范课程建设项目负责人、团队成员及，部分院系教学院长及全国高校党史类课程联盟的老师近60人与会。

上海大学教务部副部长、课程思政教学研究中心负责人顾晓英担任主持。她指出“育人先育己”，希望通过一次次针对性培训与沙龙研讨能促进教师不断学习，提升党史学习教育的理论素养，延续并精进学校课程类项目的建设要求，上海大学的党史学习教育与课程相融合示范课程建设需要做到“几个一”，即撰写一则党史融入的教学设计；举办一次院级及以上公开课；拍摄一则微课；举办一次教研活动等。此次立项课程涵盖本科、研究生和继续教育各学段，提高了党史融入课程的覆盖面。希望老师们结合自己课程讲好党史故事，引领更多青年学子听党话跟党走。

徐光寿教授作了题为“做好党史学习教育与各类课程教学的有机融合”的辅导讲座。他从“应该推进的融合”“完全可以做到”和“如何有机融合”展开，先是结合中国共产党的历史功绩、现实使命，党史学习教育和课程思政建设教育教学改革要求指出“融合”的必要性；再从党史的学科属性、功能定位，大学课程的学科定义指出“融合”的可行性；最后从树立大历史观、“出乎史入乎道，以学术讲政治”、立德树人根本任务等方面详细阐述“应融尽融”“能融则融”的道与术。

汤颖结合学校以往微课拍摄情况介绍“课程思政微课录制”的注意要点，从如何使演讲“有范”、如何让着装和ppt“有颜”、如何让素材“有趣”三个角度，详细解剖如何成就精彩微视频。她还就课件中使用图片、文字和视频等素材的规范性和严谨性作了特别提醒。

与会教师结合培训内容、课程建设要求与嘉宾展开互动。

2022年8月11日　“中国新闻网”报道《上海大学举办第65期教师教学沙龙开展线上培训》的消息。

8月

August

星期一 Monday

11日

闰六月十八

记事

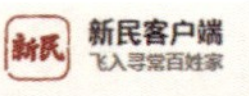

下载APP

上海大学举办“云上思政”集体备课会

教育 2024-08-12 09:28:28

来源：新民晚报 作者：王蔚

日前，上海大学举办“云上思政”：党的二十届三中全会精神进课程专题报告会暨集体备课会。本次会议由上海大学教务部、研究生院和继续教育学院联合主办，教育部课程思政教学研究示范中心承办。

“云上思政”专题报告会暨集体备课会邀请上海市学习贯彻党的二十届三中全会精神宣讲团成员、上海大学马克思主义学院副院长高立伟教授和华东师范大学马克思主义学院副院长赵勇教授，围绕“为中国式现代化提供强大动力和制度保障——学习贯彻党的二十届三中全会精神”作辅导报告。来自各学院院长、党委书记、教学院长和各学院课程思政教学研究中心负责人，校课程思政名师工作室主持人，上海学校课程思政教学名师及团队，上海学校课程思政课程团队，国家一流专业和一流课程、市一流专业负责人等线上参会。

2024年8月12日 “新民晚报”报道《上海大学举办“云上思政”集体备课会》的消息。

8月

August

星期二　Tuesday

12日

闰六月十九

2021年8月13日　上海大学举办第54期教师教学沙龙："结合专业学党史，结合党史讲专业"课程思政混合式教学微课录制在线培训（徐光寿、汤颖主讲，顾晓英主持）。

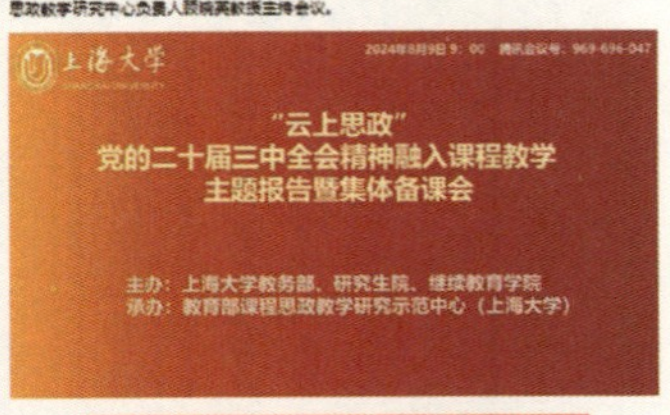

宣傳通訊

学习贯彻好党的二十届三中全会精神，是当前和今后一个时期全党全国的一项重大政治任务。8月9日，上海大学举办"云上思政"专题报告会：党的二十届三中全会精神进课程专题报告暨集体备课会。会议由上海大学教务部、研究生院和继续教育学院联合主办，教育部课程思政教学研究示范中心（上海大学）承办，邀请上海市学习贯彻党的二十届三中全会精神宣讲团成员、上海大学马克思主义学院副院长高立伟教授和华东师范大学马克思主义学院副院长赵勇教授，围绕"为中国式现代化提供强大动力和制度保障——学习贯彻党的二十届三中全会精神"主题作辅导报告。上海大学部分学院领导和骨干教师代表200多人线上参会。课程思政教学研究中心负责人顾晓英教授主持会议。

上海大学　2024年8月9日 9：00　腾讯会议号：969-696-047

"云上思政"
党的二十届三中全会精神融入课程教学
主题报告暨集体备课会

主办：上海大学教务部、研究生院、继续教育学院
承办：教育部课程思政教学研究示范中心（上海大学）

既要当改革促进派，又要当改革的宣传阐释者，更要做改革实干家

高立伟教授在报告中指出，学习贯彻三中全会精神，首先要自觉把握国际形势急剧变化和国内形势重大转变的深刻背景。其次，要深刻理解党的二十届三中全会展现了我们党以进一步全面深化改革开辟中国式现代化广阔前景的坚强决心，以只争朝夕的精神推进改革，坚定不移以中国式现代化推进中华民族伟大复兴的历史担当。再次，要全面系统把握三中全会《决定》的主要内容、核心要义和系统部署，尤其是2029年要完成300多项改革任务，凸显了任务的紧迫性和繁重性，需要以巨大的勇气推进。最后，将党的二十届三中全会精神融入思政课堂，需要把握本质内涵、注重普遍联系、了解历史经纬、贯彻全面重点。他强调，作为高校教育工作者，既要当改革的促进派，又要当改革的宣传阐释者，更要做改革的实干家。

2024年8月13日　"宣传通讯"报道上海大学召开"云上思政"党的二十届三中全会精神融入课程教学主题报告暨集体备课会的消息。

8月

August

星期三　Wednesday

13日

闰六月二十

记事

2021年8月14日　清华大学出版社有限公司主办、东北财经大学工商管理学院承办的第十届工商管理高峰论坛暨师资培训——课程思政背景下的工商管理教学创新会议线上召开（西安交通大学教授席西民、东北财经大学教授王维国、上海大学教授顾晓英、华中科技大学教授常亚平等主讲）。

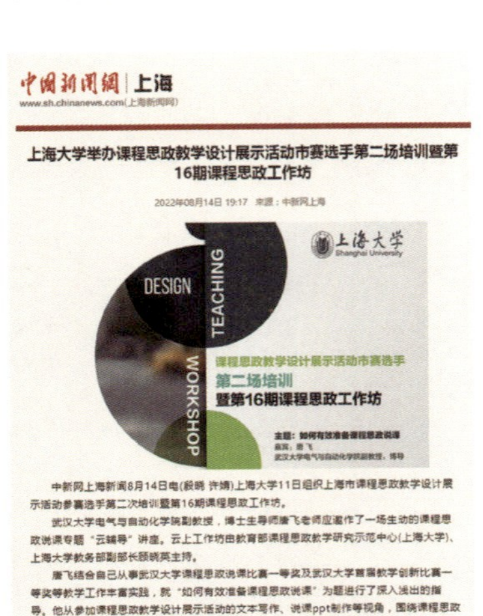
中国新闻网 | 上海
www.sh.chinanews.com(上海新闻网)

上海大学举办课程思政教学设计展示活动市赛选手第二场培训暨第16期课程思政工作坊

2022年08月14日 19:17　来源：中新网上海

中新网上海新闻8月14日电(殷晓 许婧)上海大学11日组织上海市课程思政教学设计展示活动参赛选手第二次培训暨第16期课程思政工作坊。

武汉大学电气与自动化学院副教授，博士生导师康飞老师应邀作了一场生动的课程思政说课专题“云辅导”讲座。云上工作坊由教育部课程思政教学研究示范中心(上海大学)、上海大学教务部副部长顾晓英主持。

康飞结合自己从事武汉大学课程思政说课比赛一等奖及武汉大学首届教学创新比赛一等奖等教学工作丰富实践，就“如何有效准备课程思政说课”为题进行了深入浅出的指导。他从参加课程思政教学设计展示活动的文本写作、说课ppt制作等视角，围绕课程思政建设的内涵和要义理解、说课程目标、说学习者分析、说教学设计、说课堂反思、说思政育人成效等作了分享。他既强调了对课程思政教学设计的整体把握，又注重传授亲身参赛

2022年8月14日　“中国新闻网”报道《上海大学举办课程思政教学设计展示活动市赛选手第二场培训暨第16期课程思政工作坊》的消息。

8月

August

星期四 Thursday

14日

闰六月廿一

记事

2021年8月15日　2019—2020年度上海市三八红旗手标兵和提名奖获得者照片在上海市人民广场地铁站展示，顾晓英荣获提名奖。

8月

August

星期五　Friday

15日

闰六月廿二

人民日报

每周二出版 第160期
2016年8月16日 星期二

19 新青年

回青春派·我的大学⑥

一堂课里看到"大学的样子"，从中学会自我认知，体认文化传统，点燃创新激情——

公选课里的"大学之道"

用有趣的方式打开"爱和情"

在创意中体认文化与传统

在头脑风暴中"创新中国"

回青年观

北大"屠夫"并不违和

2016年8月16日　《人民日报》刊登《一堂课里看到"大学的样子"，从中学会自我认知，体认文化传统，点燃创新激情——公选课里的"大学之道"》的消息。

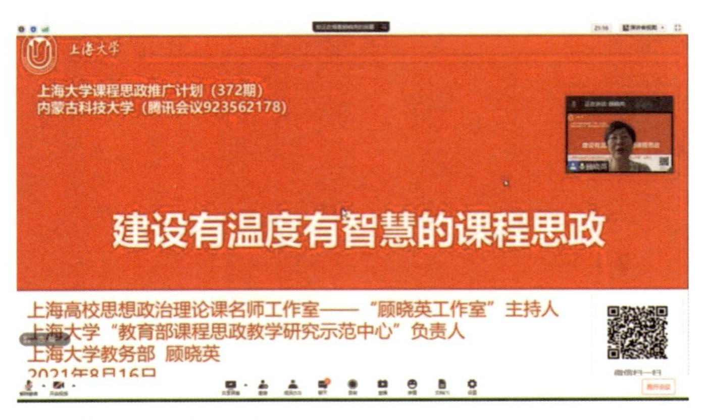

2021年8月16日　内蒙古科技大学举办教师培训活动，顾晓英应邀作题为"建设有温度有智慧的课程思政"的线上报告。

8月

August

星期六 Saturday

16日

闰六月廿三

记事

2017年8月17日　上海大学举办暑期“课程思政”教师工作坊（第四场）活动，龚思怡、彭章友等出席。

8月

August

星期日　Sunday

17日

闰六月廿四

记事

2020年8月18日　山东外贸职业学院举办教师教学能力提升暑期培训，顾晓英应邀作题为“课程思政做什么、为什么和怎么做”的主旨报告。

8月

August

星期一　Monday

闰六月廿五

记事

2015年8月19日　顾骏、顾晓英出席2015年上海书展《大国方略——走向世界之路》《大国方略课程直击》读者分享会暨签售仪式，上海人民广播电台金话筒主持人秦畅担任主持。

8月

August

星期二 Tuesday

19日

闰六月廿六

记事

“经国济民”课堂上认真听讲的学生

8月

August

星期三　Wednesday

20日

闰六月廿七

记事

2017年8月21日　顾骏、顾晓英出席2017年上海书展《创新路上大工匠》《创新中国课程直击》读者分享会暨签售仪式，仪式由上海人民广播电台金话筒主持人秦畅主持。

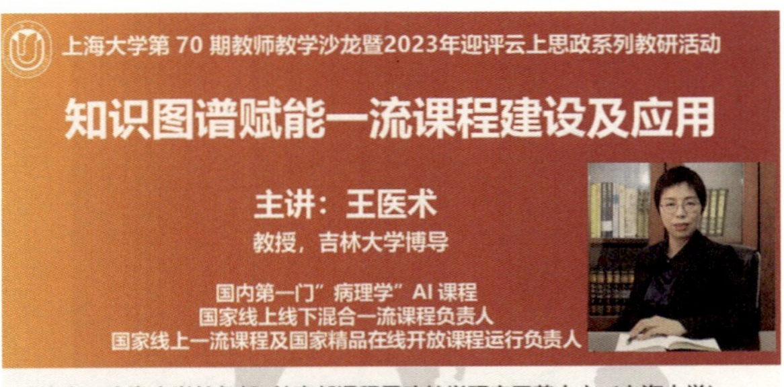

2023年8月21日　上海大学举办第70期教师教学沙龙暨2023年迎评云上思政系列教研活动，邀请吉林大学教授王医术作题为“知识图谱赋能一流课程建设及应用”的报告。

8月

August

星期四 Thursday

21日

闰六月廿八

记事

2023年8月22日　上海大学教务部召开工作会议，研讨课程思政建设、教学运行、课程建设等各项教学管理事务。

8月

August

星期五 Friday

22日

闰六月廿九

记事

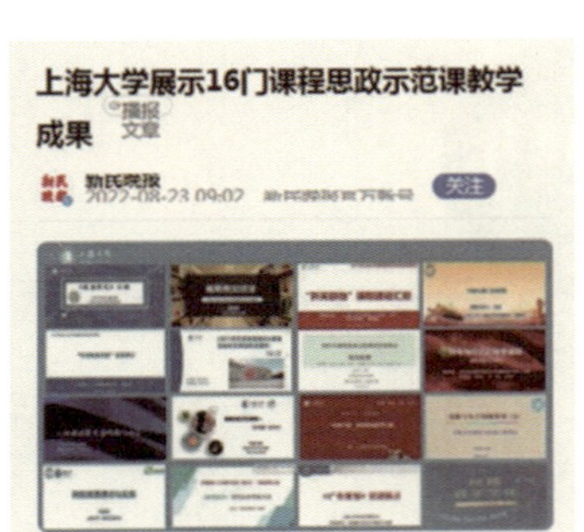

上海大学展示16门课程思政示范课教学成果

新民晚报 2022-08-23 09:02 新民晚报官方账号

图说：上海大学展示16门课程思政示范课教学成果 校方供图

新民晚报讯（记者 王蔚）上海大学日前举行2021年度课程思政示范课说课展示暨“云上”结项验收会议。华东理工大学教务处处长黄婕教授、上海海洋大学课程思政教学研究专家陈艳红老师应邀担任点评嘉宾。上大教务部副部长、教育部课程思政教学研究示范中心（上海大学）负责人顾晓英担任主持。

自美术学院章莉莉教授开讲，到社会学院陈蔡老师收尾，力工学院彭妙娟教授、体育学院刘兵教授、经济学院聂永有教授、电影学院程波教授等——作了说课展示。16位课程负责人或成员各自从教学理念、教学方法和教学过程等方面阐述整门课的设计思路方法。

2022年8月23日　“新民晚报”报道《上海大学展示16门课程思政示范课教学成果》的消息。

2023年8月23日　上海大学上海美术学院召开“美育中国”集体备课会，研讨新课建设诸多事项，李超、金江波、陈青、程雪松、赵蕾、秦瑞丽、陆丹丹、李根等参加，顾晓英出席。

8月

August

星期六 Saturday

23日

七月初一 处暑

2021年8月24日　“中国芯路”课程团队召开新课开课前的线上线下集体备课会，张建华主持，顾晓英出席。

上海教育传媒

热点　政策　报道　评论　活动　在线教博　于漪学习专区　在家上学

“守好一段渠，种好责任田”——上大举行2021年度课程思政示范课展示

第一教育　2022-08-24 13:31:08　作者：柳琴　编辑：姜雪梅

记者 | 柳琴

8月18日上午，上海大学举行2021年度课程思政示范课说课展示暨“云上”结项验收会议。华东理工大学教务处处长黄婕教授、上海海洋大学课程思政教学研究专家陈艳红老师应邀担任点评嘉宾。上海大学教务部副部长、教育部课程思政教学研究示范中心（上海大学）负责人顾晓英担任主持。

自美术学院章莉莉教授开讲，到社会学院陈蒙老师收尾，力工学院彭妙娟教授、体育学院刘兵教授、经济学院聂永有教授、电影学院程波教授等一一作了说课展示。16位课程负责人或成员各自从教学理念、教学方法和教学过程等方面阐述

2022年8月24日　“第一教育”报道《“守好一段渠，种好责任田”——上大举行2021年度课程思政示范课展示》的消息。

8月

August

星期日 Sunday

七月初二

记事

2021年8月25日　上海市有关领导前来上海大学调研，顾晓英、程波介绍学校党史学习教育与课程相结合工作推进情况和“光影中国”课程建设情况，上海大学党委书记成旦红出席。

8月

August

星期一　Monday

25日

七月初三

记事

2023年8月26日　江西省普通本科高校课程思政建设培训班结业仪式在井冈山党校举行，顾晓英应邀分享“大国方略”系列课程建设经验。

8月

August

星期二　Tuesday

26日

七月初四

2024年8月27日　顾晓英应邀前往上海立信会计金融学院，分享上海大学“中国系列”课程建设经验。

8月

August

星期三　Wednesday

27日

七月初五

记事

2024年8月28日　2024—2025学年秋季学期“经国济民”第一课“中国之谜谁来解”开讲（聂永有、尹应凯、陆甦颖、刘康兵主讲）。

8月

August

星期四 Thursday

28日

七月初六

2016年8月29日　“创新中国”课程团队在浙江嘉兴南湖边勺园召开集体备课会。

2024年8月29日　2024—2025学年秋季学期“开天辟地”第一课“上海是中国共产党的诞生地”开讲（忻平主讲）。

August

星期五　Friday

29日

七月初七

2018年8月30日　上海大学举办2018年新进教师岗前培训班，校党委副书记徐旭、原副校长叶志明、教师工作部部长曹为民、教师工作部常务副部长谢宝婷、教师工作部副部长谭婷、组织人事部人事处副处长晋兴雨出席开班仪式，徐旭作开班动员讲话，叶志明、顾晓英等作专题讲座，开班仪式由曹为民主持，164位新进教师参加此次培训。

8月

August

星期六 Saturday

30日

2023年8月31日　2023—2024学年秋季学期“美育中国”第一课“导论课”开讲（李超主讲，顾晓英致辞），通过美育救国、美育兴国、美育强国三个板块，讲好“美育中国”的故事。

8月

August

星期日 Sunday

31日

七月初九

记事

2025

9月

September

2015年9月1日　2015—2016学年秋季学期“大国方略”第一课“中国是一个大国吗？”开讲（顾骏主讲，顾晓英主持），吸引席地而坐的众多旁听学生。

有颜值有言值 上海大学再开大课“美育中国”

2023年09月01日 13:36　来源：中新网上海

2023年9月1日　“中国新闻网”报道《有颜值有言值　上海大学再开大课“美育中国”》的消息。

9月

September

星期一　Monday

七月初十

2021年9月2日　“赓续红色血脉　争取更大光荣”——百名巾帼共推思政百讲课程开讲，中共上海市委党校副校长、上海行政学院副院长梅丽红，复旦大学历史系教授陈雁，上海大学马克思主义学院教授、教务部副部长顾晓英等宣讲团专家，走进机关、企业、农村、社区、学校、网络等组织宣讲；温州医科大学举办2021教师节系列活动，顾晓英应邀作“立德树人、思政引领：课程思政专项培训”。

2024年9月2日　上海励品创始人李宁做客2024—2025学年秋季学期“创业人生”第二课“小赛道里的大机会：小小咖啡杯如何打造个性化”（刘寅斌主持）。

9月

September

星期二　Tuesday

2日

七月十一

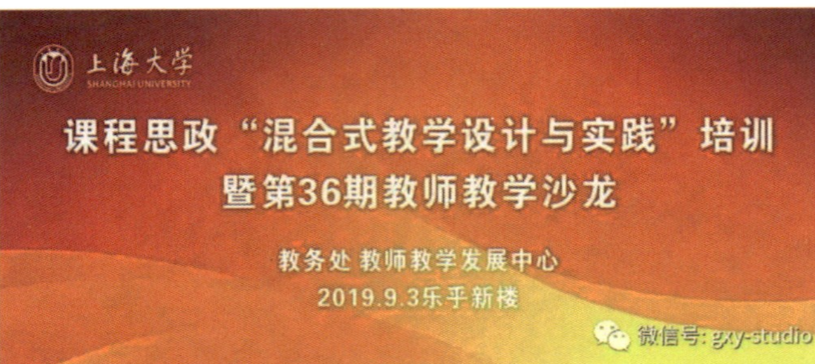

2019年9月3日　上海大学举办课程思政“混合式教学设计与实践”培训暨第36期教师教学沙龙，来自各院系、单位以及超星、智慧树网络平台的近90人与会，顾骏、上海交通大学慕课研究院院长助理苏永康主讲。

9月

September

星期三 Wednesday

七月十二

记事

2018年9月4日　2018—2019学年秋季学期“智能文明”第一课“人工智能　人在哪里？”开讲（顾骏主讲，顾晓英主持），张新鹏、李青、李晓强组成专家观察团听课。

2023年9月4日

上海艾菲口腔创始人、资深牙医陆菲菲做客2023—2024学年秋季学期“创业人生”第二课“为什么选择创业？”（刘寅斌主持）。

9月

September

星期四　Thursday

七月十三

2016年9月5日　2016—2017学年秋季学期“创新中国”第一课“创新何以成为中国必经关隘？”开讲（顾骏、顾晓英主讲）。

2018年9月5日　2018—2019学年秋季学期“开天辟地”第一课“精神家园：中国共产党为什么在上海诞生”开讲（忻平主讲，李瑊主持）。

9月

September

星期五　Friday

5日

七月十四

记事

2021年9月6日　2021—2022学年秋季学期“中国‘芯’路”第一课“集成电路如何改变世界”开讲（张建华主讲）。

9月

September

星期六 Saturday

七月十五

2018年9月7日　2018—2019学年秋季学期“量子世界”第一课“量子世界如何颠倒众生？”开讲（陈玺主讲，张新鹏答疑，顾骏主持）。

2023年9月7日　2023—2024学年秋季学期“美育中国”第二课“新兴艺术策源地——中国现代美术运动中的美育传播”开讲（秦瑞丽、李超主讲）。

9月

September

星期日 Sunday

7日

七月十六 白露

2021年9月8日　“‘光影中国’公开课直播暨全国高校党史类课程联盟共享课”开讲（程波、刘海波、张斌、徐文明、齐伟主讲）。

9月

September

星期一　Monday

8 日

七月十七

记事

2015年9月9日　上海高校思政课创新研讨务虚会在上海大学召开，部分教育部思政课教指委专家与会，研讨“大国方略”课程教学。

2 要闻

聚焦品质，电商与农人相互借力

文艺评论何以「专业权威」

以别样视角更深刻认知当代中国

“减量机”“反应机”一开，湿垃圾不见了

2021年9月9日　《解放日报》刊登《上海大学思政课“光影中国”在线直播开学第一课——以别样视角更深刻认知当代中国》。

9月

September

星期二　Tuesday

9日

七月十八

记事

2020年9月10日　中国思想政治工作研究会在苏州干部学院举办全国政研会秘书长培训班，顾晓英就贯彻落实习近平总书记重要讲话精神、加强和改进高校思政课教学作专题讲座。

2021年9月10日　上海大学微电影作品《点亮》荣获2021年上海教育系统“为党育人　为国育才”身边的好教师微电影金奖，当晚在上海教育电视台首映。

9月

September

星期三 Wednesday

10日

教师节

七月十九

记事

2018年9月11日　2018—2019学年秋季学期“智能文明”第二课“智能文明：科学与哲学”开讲（郭毅可主讲，顾骏主持）。

2019年9月11日　上海大学庆祝第35个教师节暨表彰大会召开，上海市“四有”好教师（教书育人楷模）顾晓英讲述自己从教29年来对思政教育的坚守，分享五年来团队打造“大国方略”系列课程的经历和感悟。

9月

September

星期四 Thursday

七月二十

记事

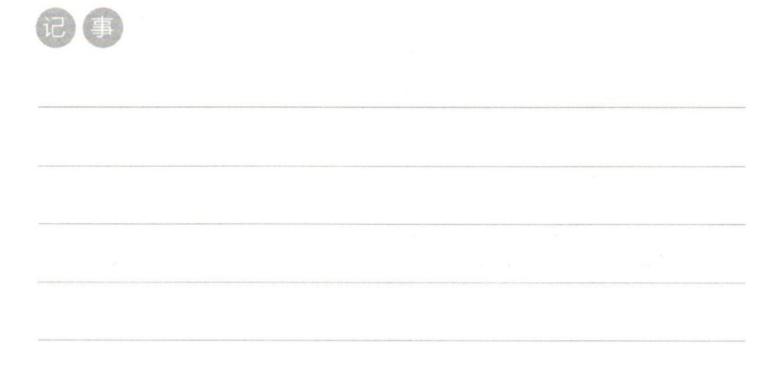

2016年9月12日　2016—2017学年秋季学期“创新中国”第二课“国家需要什么？”开讲（施鹰，上海市张江高科技园区管委会党组书记、管委会主任杨晔主讲）。

9月

September

星期五　Friday

12日

七月廿一

2018年9月13日　2018—2019学年秋季学期“量子世界”第二课“量子为媒，如何促成波粒二象性”开讲（陆杰、张新鹏主讲，顾骏主持），上海教育报刊总社社长仲立新听课观摩。

9月

September

星期六　Saturday

13日

七月廿二

2017年9月14日　2017—2018学年秋季学期“经国济民”第一课“‘中国之谜’谁来解？”开讲（顾骏、聂永有主讲，顾晓英主持）。

2023年9月14日　上海大学举办第71期教师教学沙龙暨2023年迎评云上思政系列教研活动，天津大学教授宋春风作题为“新工科背景下课程思政赋能一流课程建设”的发言，全国高校党史类课程联盟校、国史学会“红色经典进校园”成员校、上海交通大学的多名教师线上参与；2023—2024学年秋季学期“美育中国”第三课“美术生活——中国人生活中的美育传播”开讲（陈青、赵蕾、陆丹丹主讲，对讲嘉宾李超）。

9月 September

星期日 Sunday

记事

2022年9月15日　2022—2023学年秋季学期“开天辟地”第二课“中国共产党为什么诞生在上海”开讲（忻平主讲）；2022—2023学年秋季学期“中国‘芯’路”第二课“芯路历程：纳米芯制造”开讲（张建华主讲）。

9月

September

星期一　Monday

七月廿四

2020年9月16日　“立德树人背景下以图画书为媒介开展幼儿德育活动的实践研究”课题开题会议在上海大学附属嘉定留云幼儿园召开，顾晓英应邀担任指导专家，这也是上海大学大中小幼思政课一体化建设的一次探索。

9月

September

星期二　Tuesday

16日

七月廿五

记事

2016年9月17日　刘寅斌撰写的《互联网+社会化营销：用匠心创意点燃交互》新书发布会在上海书城召开，顾骏、顾晓英出席。

9月

September

星期三　Wednesday

17日

七月廿六

记 事

2018年9月18日　教育部“双一流”建设推进会在上海召开，上海大学党委书记、校长金东寒陪同全国“双一流”高校30多位党委书记、校长等观摩“大国方略”公开课“贸易摩擦：大国之路如何走？”（顾骏、顾晓英主讲）。

2023年9月18日　“塞米的小趋势研究室”主理人、上海铮先文化总经理颜婷（塞米）做客2023—2024学年秋季学期“创业人生”第四课“从自己的困境里孵化产品——我那折腾的创业逻辑”（刘寅斌主持）。

9月 September

星期四 Thursday

18日

七月廿七

记事

2017年9月19日　2017—2018学年秋季学期“时代音画”第二课“国歌如何一路走来”开讲（狄其安、姚蓉、王思思主讲，纪晔晔主持）。

中国社会科学网

上海大学举办领航学院课程思政指南编撰交流会

东方网 | 教育

听上大党委书记成旦红讲授开学第一课：赓续红色基因 锚定青春坐标！

上海大学
2020年09月19日 01:22

2020年9月18日下午，在“九一八事变”八十九周年，上海大学全体2020级新生齐聚宝山校区图书馆报告厅主会场和央视频、人民日报人民号以及哔哩哔哩“上海大学”官方账号等线上平台同上“开学第一课”。

上海大学党委书记成旦红向同学们介绍了红色上大的峥嵘岁月和“追卓越、创一流”的改

2020年9月19日　“中国社会科学网”报道《上海大学举办领航学院课程思政指南编撰交流会》的消息；“东方网”报道《听上大党委书记成旦红讲授开学第一课：赓续红色基因　锚定青春坐标！》的消息。

9月

September

星期五　Friday

19日

七月廿八

2017年9月20日　2017—2018学年秋季学期“创新中国”第二课“万众创新　谁是主体？”开讲（施鹰，上海自贸区管委会张江管理局副局长、张江高科技园区管委会主任杨晔主讲）。淮南师范学院党委副书记杨正清率马克思主义学院院长吴玉才和教师庞秀艳一行听课观摩。

9月

September

星期六　Saturday

20日

七月廿九

2017年9月21日　2017—2018学年秋季学期“经国济民”第二课“中国政府的效率何来”开讲（顾骏、詹宇波、陆甦颖主讲），西藏大学副校长央珍、湖南师范大学教师刘凤姣、新疆大学教师王霞听课观摩。

上海大学课堂思政品牌“大国方略”开出第五个系列“经国济民”

用中国话语来解读“中国之谜”

上海率先在全市推广《国家体育锻炼标准》

走出校门，1000米跑你还能及格吗

2018年9月21日　2018—2019学年秋季学期“量子世界”第三课“不确定也能自成一说？”开讲（陈玺主讲，顾骏、顾晓英主持）；《解放日报》刊登《上海大学课堂思政品牌“大国方略”开出第五个系列“经国济民”——用中国话语来解读“中国之谜”》。

2023年9月21日　2023—2024学年秋季学期“美育中国”第四课“延安明灯——以人民为中心的美育理论与实践”开讲（蒋英、李超主讲）。

9月

September

Sunday

七月三十

2021年9月22日　2021—2022学年秋季学期“体育中国”第一课“体育如何改变中国？”开讲（刘兵、戴世强、聂永有、资深记者吴泗主讲，顾晓英主持），新华社记者刘颖前来采访。

2022年9月22日　2022—2023学年秋季学期“智能文明”第二课“人机交融如何‘知己知彼’”开讲（吴昊主讲）。

September

星期一 Monday

22日

八月初一

体育老师走上高校思政课讲台

上海频道　来源：新华社上海分社

刘颖
新华社记者

向记者提问

新华社客户端上海9月23日电（记者 刘颖）9月22日，上海大学面向2020级新生新开的通识课程“体育中国”开讲。作为高校课程思政的探索，该课程一共十讲，授课团队以上海大学的体育专业教师为主。课程以体育内涵和体育精神为引领，让学生领悟体育特有的奋斗、拼搏、进取的精神属性，了解中国体育事业的振兴与发展，引导学生对体育人生和体育中国产生深层思考。

2020年9月23日　“新华社”报道《体育老师走上高校思政课讲台》的消息。

2021年9月23日　2021—2022学年秋季学期“时代音画”公开课“信仰的力量：永不消逝的电波”在上海张江科学城开讲（顾晓英、还国志主讲）。

9月

September

星期二　Tuesday

23日

八月初二　秋分

记事

2019年9月24日　2019—2020学年秋季学期“创新中国”公开课暨“不忘初心　牢记使命”主题教育党课开讲，课程以“壮丽70年　奋斗新时代·创新中国”为主题，（刘寅斌，邱仁富，上海工程技术大学教授、博导、上海市劳模王国中，春秋航空“90后”飞行员、见习机长陈志豪主讲，顾晓英主持），本次课程得到学习强国报道，浏览量达2105万次。

9月 September

星期三 Wednesday

24日

八月初三

2019年9月25日　上海应用技术大学—上海大学“不忘初心 牢记使命”主题教育：课程思政联合调研暨教师沙龙在上海应用技术大学举办，顾晓英作交流发言，焦成焕等出席，李国娟主持。

2023年9月25日　上海春秋国际旅行社（集团）有限公司总裁王炜做客2023—2024学年秋季学期“创业人生”第五课“持续保持积极的心态比什么都重要”（刘寅斌主持）。

9月

September

星期四　Thursday

25日

八月初四

2016年9月26日　2016—2017学年秋季学期“创新中国”第四课“技术创新如何突破创新悖论？”开讲（钱权、张新鹏主讲）。

2022年9月26日　“创新中国”课程班学生参观上海大学校史馆，上海大学博物馆于群作精彩讲解，无人艇团队成员、上海大学机电工程与自动化学院教师岳涛分享无人艇团队创新事迹。

9月

September

星期五　Friday

26日

八月初五

2017年9月27日　2017—2018学年秋季学期“创新中国”公开课暨《创新路上大工匠》出版论坛举办，上海市新闻出版局党组成员、副局长彭卫国致辞，顾骏、顾晓英主持，上海大学出版社领导和教学团队罗均、王国中、张新鹏、肖俊杰、许斌、许春明等出席，上海大学党委副书记夏小和与上海大学党委常委、副校长聂清讲话；“东方卫视”报道《“创新中国”公开课上海大学开讲》的消息。

9月

September

星期六 Saturday

27日

八月初六

2017年9月28日　2017—2018学年秋季学期“经国济民”第三课“如何把握中国道理？”开讲（顾骏主讲，顾晓英主持）。

9月

September

星期日 Sunday

28日

八月初七

2019年9月29日　兄弟院校教师前来上海大学调研学习课程思政经验，顾晓英介绍“大国方略”系列课程建设经验，傅玉芳介绍出版社如何支持对接课程团队、打造系列课程精品教材的情况。

2021年9月29日　2021—2022学年秋季学期“体育中国”第二课“中华体育如何影响世界？”开讲（上海体育大学教授邱丕相主讲）。

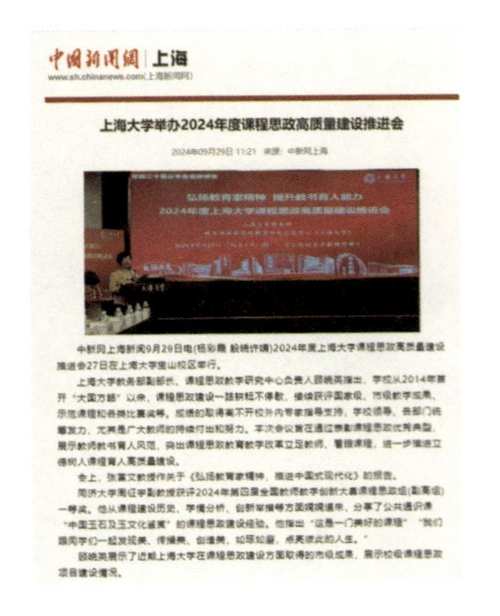

中国新闻网 | 上海
www.sh.chinanews.com(上海新闻网)

上海大学举办2024年度课程思政高质量建设推进会

2024年09月29日 11:21　来源：中新网上海

中新网上海新闻9月29日电(杨彩霞 殷晓婷)2024年度上海大学课程思政高质量建设推进会27日在上海大学宝山校区举行。

上海大学教务部副部长、课程思政教学研究中心负责人顾晓英指出，学校从2014年首开“大国方略”以来，课程思政建设一路耕耘不停歇，接续获评国家级、市级教学成果、示范课程和各类比赛奖等。成绩的取得离不开校外内专家指导支持，学校领导、各部门统筹发力，尤其是广大教师的持续付出和努力。本次会议旨在通过宣传课程思政优秀典型，展示教师教书育人风范，突出课程思政教育教学改革立足教师、着眼课程，进一步推进立德树人课程育人高质量建设。

会上，张富文教授作关于《弘扬教育家精神，推进中国式现代化》的报告。

同济大学周征宇副教授获评2024年第四届全国教师教学创新大赛课程思政组(副高组)一等奖。他从课程建设历史、学情分析、创新举措等方面娓娓道来，分享了公共通识课“中国玉石及玉文化鉴赏”的课程思政建设经验。他指出“这是一门美好的课程”“我们跟同学们一起发现美、传播美、创造美，如琢如磨，点亮彼此的人生。”

顾晓英展示了近期上海大学在课程思政建设方面取得的市级成果，展示校级课程思政项目建设情况。

2024年9月29日　“中国新闻网”报道《上海大学举办2024年度课程思政高质量建设推进会》的消息

9月 September

星期一 Monday

29日

八月初八

记事

2014年9月30日　上海大学举行从教三十年教职工颁证仪式暨座谈会，社会学院教授顾骏、教务处副处长顾晓英和校党委副书记、纪委书记、校工会主席忻平参会，会后一起商议“开大课”——“大国方略”。

9月

September

星期二　Tuesday

30日

八月初九

2025

10月

October

光明日报
思想文化大报，知识分子精神家园

中华体育如何影响世界 名家教授在上海大学“体育中国”讲述武术的魅力

光明日报客户端 孟歆迪 通讯员殷晓 郑宝 2020-10-01 15:53

古老的传统文化能在新时代焕发出惊人的新活力，在跨文化传播中贡献出影响世界的力量。9月28日，上海大学“体育中国”第二课“中华体育如何影响世界”开讲。上海大学体育学院副教授徐春毅、申亮，全国武术名家、上海体育学院博士生导师邱丕相、刘静相继作了分专题讲授。

2020年10月1日　“光明日报”报道《中华体育如何影响世界 名家教授在上海大学“体育中国”讲述武术的魅力》的消息。

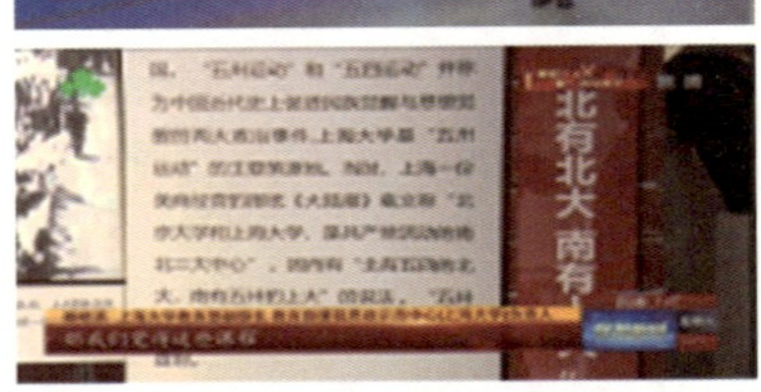

2022年10月1日　上海教育电视台报道《三全育人“大思政课”的上海模式》；“第一教育”报道《“大学有大课”——“创新中国”把课堂搬到上海大学博物馆》的消息。

October

星期三 Wednesday

1日

国庆节

八月初十

记事

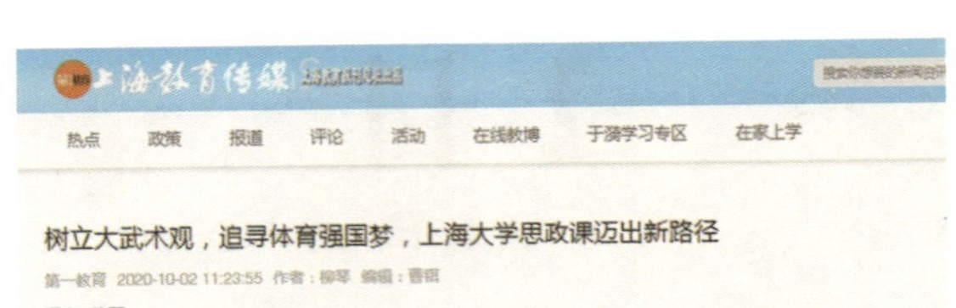

上海教育传媒

热点 政策 报道 评论 活动 在线教博 于漪学习专区 在家上学

树立大武术观，追寻体育强国梦，上海大学思政课迈出新路径

第一教育 2020-10-02 11:23:55 作者：柳琴 编辑：曹锟

记者 | 柳琴

今年9月，上海大学新开发了"红色传承"系列课程之"体育中国"，讲述体育如何引领中国走向"体育强国"，体育为什么能够成为中华民族伟大复兴的中坚力量，增进大学生身心健康，为报效祖国贡献青春力量。9月29日，"体育中国"第二课"中华体育如何影响世界"在上海大学开讲。上海大学体育学院副教授徐春毅、申亮，全国武术名家、上海体育学院博士生导师邱丕相、刘静相继做了专题讲授。

抱拳礼、鞠躬礼的正确姿势是什么样子？为什么是这样？武术队教练、武术博士徐春毅用这些中国武术尚武精神文化符号开启课程。经过精心备课，他引入丰富的图片和小视频，结合典籍知识，生动讲述了大家在武术和日常生活中常见的"抱拳礼"正确姿势究竟怎样，为何是这样？他用武术"以礼始，以礼终"让全班学生起身、抱拳，举手，中规中矩地操练了一番。

武术队教练、武术博士徐春毅

这是一节可观赏的体育思政课。课上，徐春毅还邀请两位高水平运动员当场表演了精湛的武术片段，一招一式中尽显中

2020年10月2日　“第一教育”报道《树立大武术观，追寻体育强国梦，上海大学思政课迈出新路径》的消息。

10月

October

星期四 Thursday

2日

八月十一

记事

2018年10月3日　安徽中医药大学召开课程思政培训会，顾晓英应邀作题为“从‘大国方略’到‘量子世界’：上海大学课程思政的成效与经验”的专题报告。

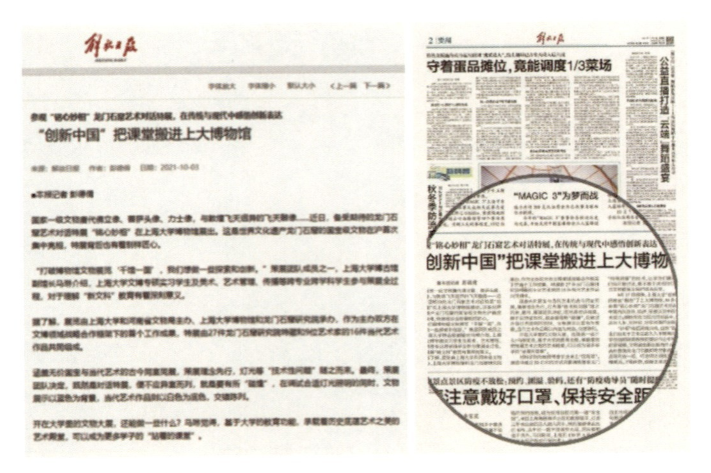

2021年10月3日　“解放日报”刊登《参观“铭心妙相”龙门石窟艺术对话特展，在传统与现代中感悟创新表达——“创新中国”把课堂搬进上大博物馆》。

10月

October

星期五　Friday

3 日

八月十二

“量子世界”课堂上认真听讲的学生

10月

October

星期六 Saturday

八月十三

记事

《光影中国十讲》
程波　主编
上海大学出版社出版

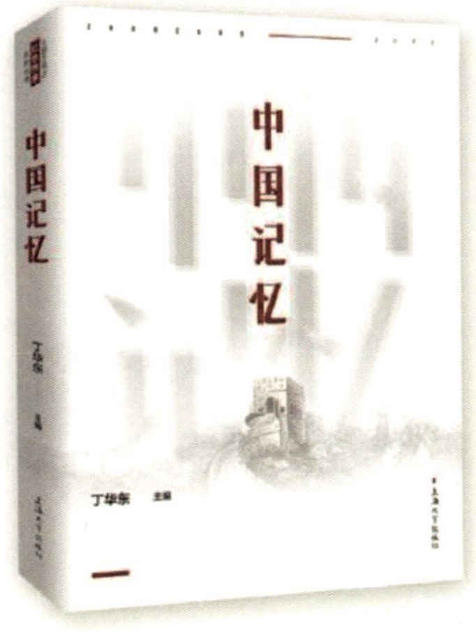

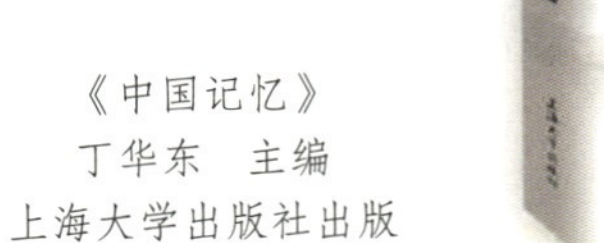
《中国记忆》
丁华东　主编
上海大学出版社出版

10月

October

星期日 Sunday

5日

八月十四

记事

“经国济民”课堂上师生互动

10月 October

星期一 Monday

中秋节

八月十五

记事

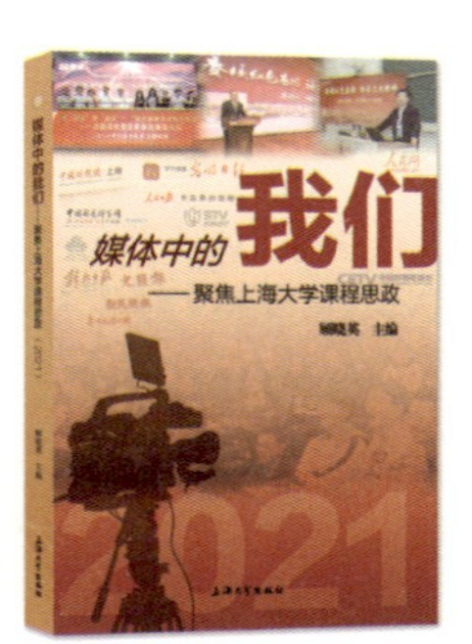

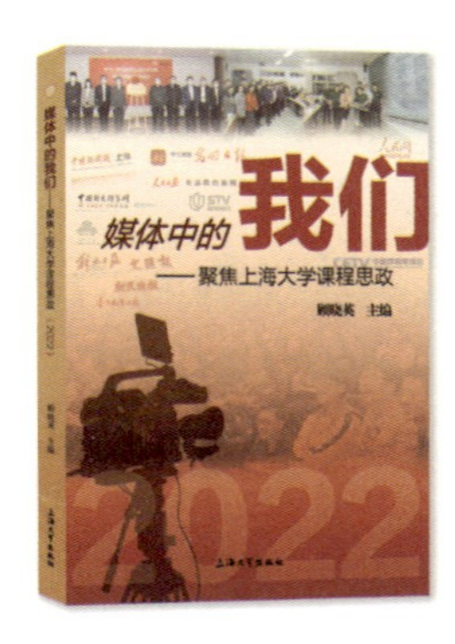

《媒体中的我们——聚焦上海大学课程思政（2014—2019）》

《媒体中的我们——聚焦上海大学课程思政（2020）》

《媒体中的我们——聚焦上海大学课程思政（2021）》

《媒体中的我们——聚焦上海大学课程思政（2022）》

《媒体中的我们——聚焦上海大学课程思政（2023）》

顾晓英　主编　　上海大学出版社出版

10月

October

星期二　Tuesday

7日

八月十六

记事

2023年10月8日　2023—2024学年秋季学期“美育中国”第六课“民族的血液——中国现当代油画的本土化审美语言”开讲（李根主讲），上海大学附属中学部分师生旁听。

10月

October

星期三　Wednesday

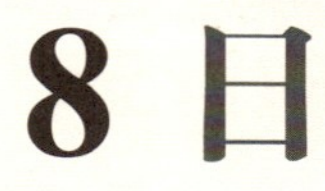

八月十七　寒露

记事

2018年10月9日　“量子世界”课程团队集体备课，顾骏、陈玺等出席；2018—2019学年秋季学期“人工智能”第五课“法官的自由裁量权也能让渡给机器人吗？”开讲（许春明主讲，张新鹏、张博峰串讲，顾骏主持）。

2024年10月9日　上海市教卫工作党委系统“伟大工程”系列示范党课(第五季)“传承红色基因　厚植文化自信　争做时代新人”主题党课暨上海大学2024级新生“开学第一课”在上海大学开讲。

10月

October

星期四 Thursday

八月十八

记事

2016年10月10日　2016—2017学年秋季学期“创新中国”第五课“手工艺·建筑·创新”开讲（胡建君、王海松主讲）。

10月

October

星期五 Friday

10日

八月十九

2016年10月11日　2016—2017学年秋季学期“大国方略”第五课“中美能否坐在同一张椅子上？”开讲（王蔚主讲）。

2017年10月11日　2018—2019学年秋季学期“创新中国”公开课“中国智造这五年”开讲（戴世强主讲，顾骏、顾晓英主持）。

10月

October

星期六 Saturday

11日

八月二十

记事

2017年10月12日　2017—2018学年秋季学期“经国济民”第四课“‘三驾马车’如何让中国经济高速发展？”开讲（毛雁冰、尹应凯主讲）。

上大思政课“美育中国”做深做细，带领同学们领略历史画的魅力

强国号发布内容

东方教育时报
2023-10-12

+订阅

10月8日，上海大学思政选修课暨通识教育大课“美育中国”之“民族的血液——中国现当代油画的本土化审美语言”在上海美术学院开课。此次课程由上海大学上海美术学院油画系李根老师主讲。

与前几次课程不同，本堂课吸引了部分身穿校服的上大附中同学们。他们饶有兴趣听课参与互动，有些同学甚至向李根老师咨询了报考美术学院绘画（油画）专业的专业要求，表示有心投入油画学习。这也是上海大学课程思政教学研究示范中心推进工作，名师工作室结对中学，实现大中小思政教育一体化的一项重要举措。

“美育中国”课程负责人李娟教授首先介绍了本讲课程的基本内容，介绍了历史画在国家叙事中的重要意义。

2023年10月12日　2023—2024学年秋季学期“美育中国”第七课“大美文艺与传世之作——塑造国家艺术形象的审美工程”开讲（蒋铁骊主讲）；“学习强国”报道《上大思政课“美育中国”做深做细，带领同学们领略历史画的魅力》的消息。

10月 October

星期日　Sunday

12日

八月廿一

记事

2020年10月13日　2020—2021学年秋季学期“体育中国”第三课“奥运如何影响中国？”开讲（杨小明、吴泗主讲）。

10月

October

星期一　Monday

13 日

八月廿二

记事

2016年10月14日　“创新中国”课程班学生组队“第二课堂”，前往上海浦东张江高科技园区参观上海光源。

10月 October

星期二 Tuesday

14日

八月廿三

记事

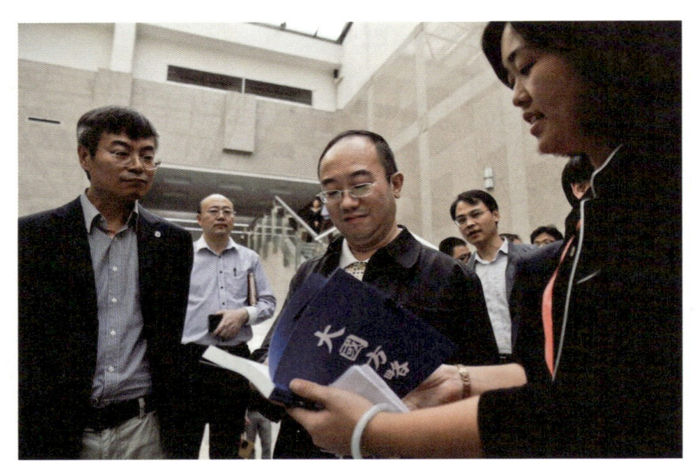

2015年10月15日　上海大学校长金东寒陪同教育部思政司司长冯刚翻阅《大国方略——走向世界之路》。

10月

October

星期三　Wednesday

15日

八月廿四

记事

2020年10月16日　新时代体育课的育人使命——上海大学课程思政专题讨论会召开，刘兵交流“体育中国”新课教学情况。

2023年10月16日　轻松买好房创始人王磊做客2023—2024学年秋季学期“创业人生”第七课“副业变主业，创业路上的心路历程”（刘寅斌主持）。

10月

October

星期四 Thursday

16日

八月廿五

2016年10月17日　2016—2017学年秋季学期“创新中国”第六课“创新有规矩吗？”开讲（肖俊杰、许斌、墨尔本贝克心脏与糖尿病研究所教授 Julie McMullen主讲，顾骏、顾晓英主持）。

2019年10月17日　2019—2020学年秋季学期“经国济民”公开课“新时代共享未来，进博会与‘经国济民’”开讲（上海市三八红旗手、上海市公安局青浦分局国家会展中心治安派出所所长朱洪葵主讲，顾莹、顾晓英主持），陆甦颖、聂永有、刘康兵作为分享嘉宾出席。

2022年10月17—19日　中共一大纪念馆初心讲堂举办“1+7”系列党性教育课程培训，顾晓英作题为“今天我们如何讲好大思政课”的专题发言。

10月

October

星期五　Friday

17日

八月廿六

记事

2016年10月18日　2016—2017学年秋季学期“大国方略”第六课“中国高铁驶向何方？”开讲（聂永有、焦成焕主讲，顾骏、顾晓英主持）。

10月

October

星期六　Saturday

18日

八月廿七

记 事

2017年10月19日　2017—2018学年秋季学期“经国济民”第五课“‘铁三角’如何保障中国经济发展的高效率”开讲（尹应凯主讲）。

2019年10月19日　海南大学举办课程思政报告会，顾晓英应邀作题为“课程思政的理念与实践”的专题报告，介绍“大国方略”系列课程建设经验。

10月

October

星期日 Sunday

八月廿八

记事

2015年10月20日　上海市教委本科教学教师激励计划检查组专家及上海大学校长金东寒在“大国方略”课堂上听课观摩。

2018年10月20日　河南省教育厅职业学院教务处处长培训班在河南职业技术学院举办，顾晓英应邀作“大国方略”系列课程和学校课程思政建设经验分享。

2022年10月20日　上海大学举办第67期教师教学沙龙：党的二十大精神进课堂集体备课会。

10月

October

星期一 Monday

20日

八月廿九

记事

叶志明｜国家精品课程“土木工程概论”负责人、上海大学土木工程系教授

金波｜ “档案学导论”负责人、图情档系系主任

2019年10月21日　上海大学召开2019年度课程思政示范课程答辩会，这也是上海大学作为上海市课程思政整体校以来的第二批课程思政示范课程立项评审。

10月

October

星期二 Tuesday

21日

九月初一

2017年10月22日　“大国方略”系列课程教学团队第三届“同乐”教授论坛在上海大学举办。

中国文化报 数字报

“美育中国”课程这样上

2023年10月22日　“中华文化报”报道《“美育中国”课程这样上》的消息。

10月

October

星期三　Wednesday

22日

九月初二

记事

2017年10月23日　上海大学“大国方略”课程团队代表顾骏、顾晓英、王思思应邀前往浙江音乐学院讲授“大国发展之路”公开课。

2023年10月23日　德勤管理咨询战略、分析、并购事业群总裁李伟杰做客2023—2024学年秋季学期“创业人生”第八课“揭开管理咨询之谜”（刘寅斌主持）。

10月

October

星期四　Thursday

23日

九月初三　霜降

记事

2016年10月24日　2016—2017学年秋季学期“创新中国”第七课“创新如何从纸变成钱？”超星直播课开讲（蔡传兵、刘寅斌主讲，顾骏、顾晓英主持）。

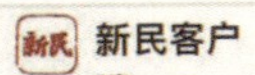

新民客户　下载

上大举办课程思政建设骨干教师培训会

教育　2023-10-24 17:16:28

来源：新民晚报　作者：王蔚

为深入挖掘各类专业课程和教学方式中蕴含的思想政治教育资源、结合专业特点分类推进课程

2023年10月24日　“新民晚报”报道《上大举办课程思政建设骨干教师培训会》的消息。

10月

October

星期五　Friday

九月初四

记事

2016年10月25日　2016—2017学年秋季学期“大国方略”第七课“中国能咬到第一口创新苹果吗？”开讲（许春明主讲，顾晓英主持）。

2016年10月25—26日　第二届抗美援朝精神与红色文化传承学术会议在辽东学院举行，清华大学、复旦大学、上海大学、国防大学、嘉兴大学等全国多所高校及中国社会科学院等科研院所百余名从事抗美援朝领域研究的专家学者、思政课教师参加，顾晓英作题为“串起‘项链’　照亮课堂　讲好思政大课　赓续精神血脉”的报告。

10月

October

星期六 Saturday

25日

九月初五

记事

2017年10月26日　2017—2018学年秋季学期“经国济民”第六课“‘铁公基’如何贡献于中国效率？”开讲（顾骏、尹应凯主讲）。

【菁菁教苑】政治是体育老师教的？在上海这所高校，体育老师为学生讲述中国故事

地方平台发布内容

上海学习平台

+订阅

课程现场，张轶老师向学生们讲述中国国球——乒乓球的故事。

上海大学的“体育中国”如今已成为热词，让体育老师讲思政课，跨校跨学科师资组合，将“四史”学习教育传承到教学形式“做中学”。“体育中国”课程正成为上海大学体育学院提升课程思政效果和课程质量的重要推动，在上海大学课程思政领航校建设进程中，发挥了积极作用。

近日，上海大学“体育中国”第四课“小球如何转动大球？”开讲，上海大学体育学院张轶副教授、社会学院陆小聪教授和体育学院刘兵教授相继作了讲授。

张轶老师通过一段影像资料与大家分享了中国国球——乒乓球的故事。这项拥有最特殊的历史地位、最庞大的群众基础和最辉煌的竞技成绩的项目装点了那个时代的无限精彩，谈及容国团“人生能有几回搏，此时不搏更待何时”的豪言壮志，更是超越了年代的限制，让人热血沸腾。

2020年10月26日　“学习强国”报道《政治是体育老师教的？在上海这所高校，体育老师为学生讲述中国故事》的消息。

10月

October

星期日 Sunday

26日

九月初六

记事

2020年10月27日　中国科学院院士、上海大学教授张统一来到“体育中国”课堂，分享“我要为祖国贡献70年：我的体育情怀”。

10月

October

星期一　Monday

27日

九月初七

记事

2015年10月　“大国方略”课程团队获中央宣传部办公厅授予的“基层理论宣讲先进集体”称号。

2016年10月28日　上海大学“创新中国”课程团队顾晓英、李明等应邀前往上海应用技术大学讲授“中国智造”公开课。

10月 October

星期二 Tuesday

28日

九月初八

记事

2016年10月29日　上海大学召开“延伸与渗透：‘大国方略’系列课与高校思想政治理论课改革创新”学术研讨会，会议由上海思政课名师工作室——顾晓英工作室、上海高校思想政治理论课建设改革协作组、《青年学报》编辑部共同主办。

2020年10月29日　四川省教育厅组织召开四川高校课程思政建设培训视频会，顾晓英应邀作题为“学思悟　知信行：课程思政的实践与思考”的报告，会议由四川省教育厅高教处处长陈小红主持，省内各高校3000余人参加视频培训会。

10月

October

星期三　Wednesday

29日

重阳节

九月初九

文匯報

深入推进落实全面从严治党重大举措
按照中央决策部署扎实做好上海工作

增强『四个意识』维护党中央权威

让党内监督和群众监督一起发力

200岁“三庆园”皮黄再响

艺术小镇，留住都市人的文化乡愁

上海高校：『思政课程』转身『课程思政』

2016年10月30日　《文汇报》刊登《“大国方略”“治国理政”“读懂中国”“中国智造”等创新内容形式成为热门课——上海高校：“思政课程”转身“课程思政”》。

2020年10月30日　顾晓英应邀赴北京某部队院校交流访问，作题为“如何做好课程育人”的分享。

10月

October

星期四 Thursday

30日

九月初十

2020年10月31日　第二届全国高校课程思政高端论坛在北京航空航天大学召开，顾晓英应邀作题为“从大国方略到领航校打造有温度有智慧的课程思政”的专题发言，中国教育电视台作采访并报道。

2022年10月31日　2022—2023学年秋季学期“经国济民”公开课“党的二十大报告与经国济民”开讲（北京大学教授付才辉线上主讲，尹应凯、刘康兵串讲，顾晓英主持）。

10月

October

星期五　Friday

九月十一

记事

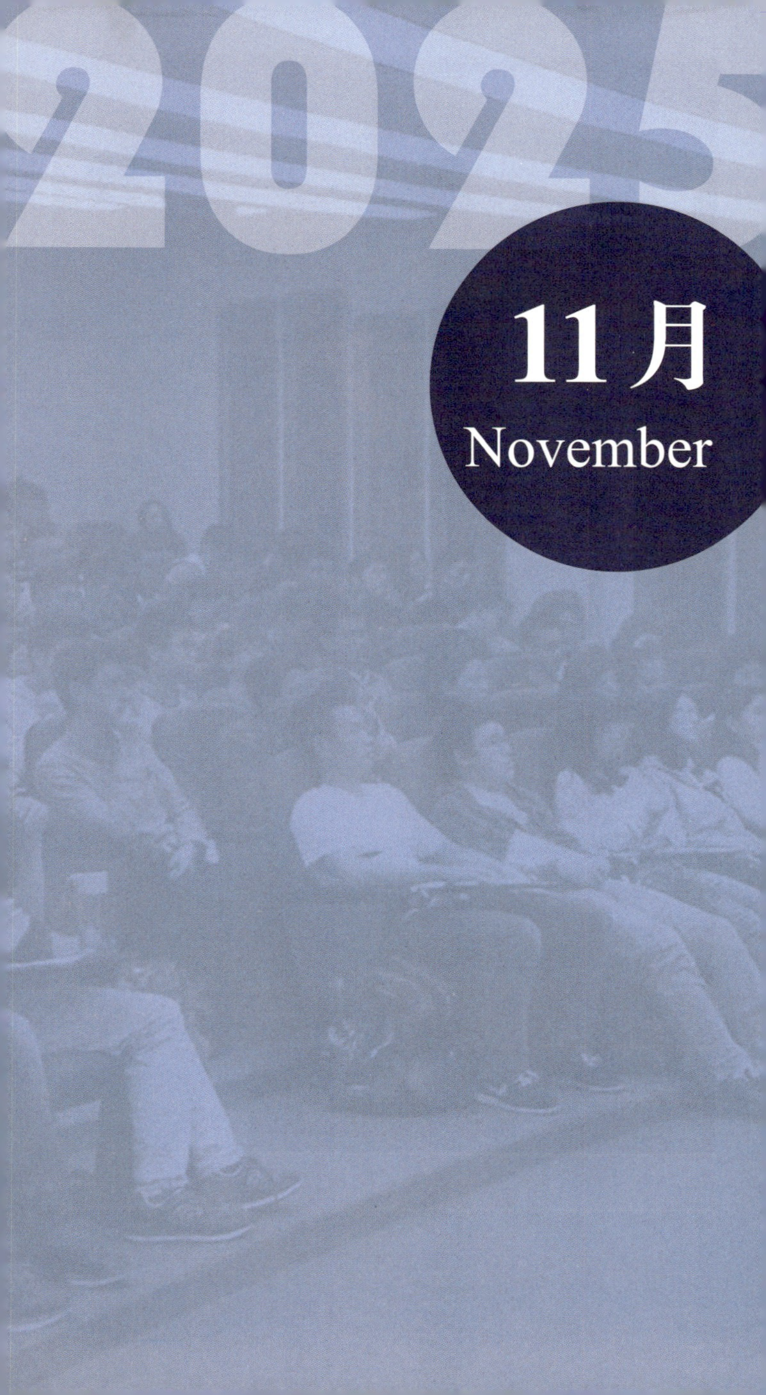
2025
11月
November

上海科技报
www.shkjb.com

首页 / 综合新闻

科技如何促进体育的腾飞

张统一院士在上海大学分享“科技赋能体育”心得

2020年11月01日

作者：吴苡婷 吴若羚

2018年11月1日　2018—2019学年秋季学期“量子世界”第八课“波粒二象性”开讲（陆杰、张永平主讲）；“上海科技报”报道《科技如何促进体育的腾飞：张统一院士在上海大学分享“科技赋能体育”心得》的消息。

2021年11月1日　上海大学社会学院、上海大学课程思政教学研究中心主办的上海大学社会学院课程思政建设暨本科教学交流研讨会召开，汪丹作交流发言。

11月 November

星期六 Saturday

九月十二

记事

2017年11月2日　2017—2018学年秋季学期“经国济民”第七课“房地产如何贡献于中国效率？”开讲（顾骏、聂永有主讲）。

11月

November

星期日 Sunday

2日

九月十三

记事

2017年11月3日　“时代音画”公开课暨全国高校课程思政现场交流会在上海大学举行（顾骏、狄其安主讲，顾晓英主持），来自全国各高校200位教师参会，中国政研会研究部副主任范林芳致辞，公开课得到中央领导批示，新华社全媒体报道，《人民日报》海外版专题报道，各大媒体头条报道。

2020年11月3日　2020—2021学年秋季学期“体育中国”第六课“体育何以‘缩影’社会？社会何以体育舞台？”开讲（曾朝恭、秦文宏、刘寅斌主讲）；2020—2021学年秋季学期“创新中国”第五课“坚持创新核心地位 实现科技自立自强：我看‘质量强国’‘数字中国’”开讲（李明、王国中、杨扬主讲）。

11月

November

星期一　Monday

九月十四

记事

2020年11月4日　上海大学上海美术学院主办的2020本科教学案例展暨课程思政教学指南编写工作研讨会召开，教务部常务副部长彭章友、顾晓英，上海美术学院院长曾成钢等出席。

November

星期二　Tuesday

九月十五

记事

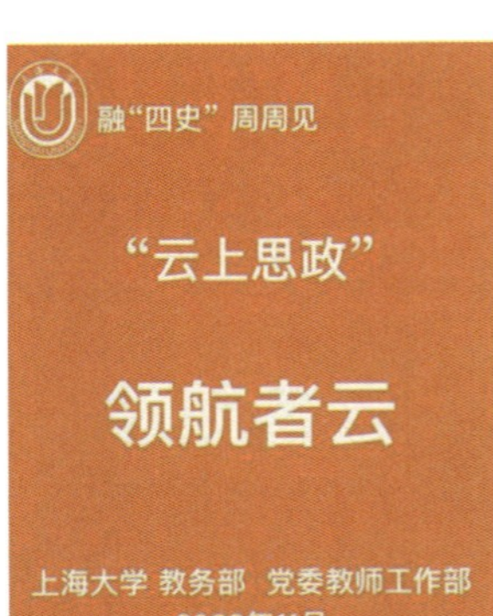

第4期

- 院系（部门）：上海大学环化学院
- 主讲：陆永生
- 主持：钱冬英 顾晓英
- 腾讯会议号：546-273-618，密码1105
- 时间：2020年11月05日 19：00-20：00

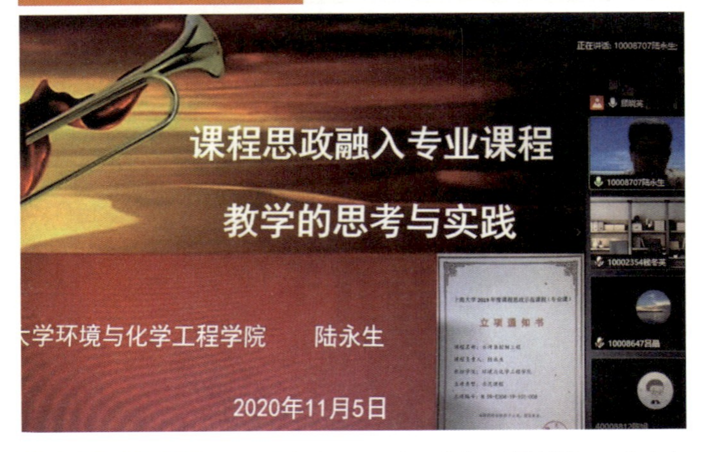

2020年11月5日 上海大学“融‘四史’周周见”：“云上思政”领航者云——“课程思政融入专业课程教学的思考与实践”开讲（陆永生主讲，钱冬英、顾晓英主持）。

November

星期三　Wednesday

5日

九月十六

记事

2020年11月6日　天津卫视专栏播出“创业中国人”栏目，刘寅斌应邀担任嘉宾。

上海大学将党的二十大精神有机融入系列思政选修课

10月31日晚，北京大学新结构经济学研究院研究员、教材课程与报告案例研发中心主任、新结构政治经济学教研室主任付才辉走进上海大学“经国济民”云上课堂。当天的课程主题是“二十大报告与经国济民”。“经国济民”创新中国”课程的学生和上海大学新结构经济学研究院师生代表参与了本次课程。

“二十大报告中让你印象最为深刻的词语是什么？”课程伊始，主持人尹应凯向同学们提出问题。同学们第一时间作答，“中国式现代化”和“守正创新”成为同学们选择最多的两个关键词。尹老师向同学们强调：从现在起，中国共产党的中心任务就是团结带领全国各族人民全面建成社会主义现代化强国、实现第二个百年奋斗目标，以中国式现代化全面推进中华民族伟大复兴。

2022年11月6日　“第一教育”报道《上海大学将党的二十大精神有机融入系列思政选修课》的消息。

11月

November

星期四　Thursday

九月十七

2016年11月7日　2016—2017学年秋季学期“创新中国”第九课“万众创新，我在哪里？”开讲（顾骏、尹应凯、刘寅斌、顾晓英主讲）。

2022年11月7日　2022年上海市高校继续教育教师队伍课程思政教育能力提升工程专题培训会召开，顾晓英应邀作专题报告。

11月

November

星期五　Friday

7日

九月十八　立冬

2021年11月8日　上海青年管理干部学院教授刘宏森应邀来上海大学作题为“如何开展教学科研”的专题报告；刘宏森任2021—2022学年秋季学期“创新中国”第十课学生小组项目答辩专家。

11月

November

星期六 Saturday

8日

九月十九

记事

2017年11月9日　2017—2018学年秋季学期“经国济民”第八课“创新如何确保中国可持续发展？”开讲（胡笑寒主讲）

。

2020年11月9日　第55届中国高等教育博览会（2020）在长沙开幕，顾晓英作题为“从‘大国方略’到领航校：打造有温度有智慧的课程思政”的报告。

11月 November

星期日 Sunday

记事

2016年11月10日　上海大学“大国方略”课程团队代表应邀前往上海应用技术大学讲授“中国智造”公开课。

“四史”课怎么上学生更爱听?

“四史”课怎么上学生更爱听？新型党课“开天辟地”探索新思路

东方网

东方网记者傅文婧11月10日报道：由上海高校思想政治理论课教学改革协作组、上海红色文化研究院、上海大学马克思主义高峰学科、中国史高原学科等单位联合主办的“迎接建党百年——‘四史’学习教育与‘开天辟地’课程建设高端论坛”11月9日在上海大学举行。会上，不仅教师专家们展开广泛探讨，学生代表也积极建言，现场提出自己听课后的反馈意见，让这场师生同堂的研讨“诚意满满”。

2020年11月10日　“东方网”报道《“四史”课怎么上学生更爱听？新型党课“开天辟地”探索新思路》的消息。

11月

November

星期一　Monday

10日

九月廿一

记事

2019年11月11日　桂林旅游学院党委书记林娜、副书记林业江一行9人考察上海大学课程思政建设经验，上海大学党委书记成旦红、党委副书记欧阳华接待，顾晓英介绍上大课程育人经验。

2021年11月11日　“中国记忆”课程团队召开课程建设研讨会，总结秋季学期开课经验。

11月

November

星期二 Tuesday

11日

九月廿二

记事

2014年11月12日　上海大学宣传部部长陈志宏主持“大国方略”备课会，忻平、顾骏、顾晓英、李梁、聂永有、张丹华、焦成焕等出席。

2020年11月12日　人文与科技：第二届新时代人工智能通识教育全国教学研讨会在上海大学召开。

November

星期三　Wednesday

12日

九月廿三

记事

新民晚報

为你解开“转基因之惑”

90后大学生热捧“大国方略”课

上海大学通识课助推中国梦进课堂

中国国际旅交会昆明揭幕
申城四大地标性景观亮相

质子重离子医院开业半年
精准放疗让“肿瘤君”退缩

《中华大典·天文典》付梓
借天象推算武王伐纣年代

中断学业备战里约奥运
时隔两年徐莉佳再扬帆

2015年11月13日　《新民晚报》刊登《90后大学生热捧“大国方略”课——上海大学通识课助推中国梦进课堂》；中共上海市委宣传部、上海市新闻出版局和上海大学共同举办的《大国方略——走向世界之路》出版 座谈会在锦江小礼堂召开。

11月

November

星期四 Thursday

13日

九月廿四

记事

2019年11月14日　上海大学主办的高校“金课”和课程思政建设研讨会召开，叶志明作报告，顾晓英主持。

11月

November

星期五　Friday

九月廿五

2019年11月15日　顾晓英应邀为上海高校课程思政高级研修班（第1期·二级学院书记班）作报告；顾晓英应邀出席在华东师范大学举行的全国高校“三全育人”综合改革试点单位经验交流暨成果展示会。

2021年11月15日　上海大学召开人文社科类专业课程思政质量提升与教材建设专题研讨会，刘康兵作交流发言。

11月

November

星期六　Saturday

15日

九月廿六

记事

上海市第十一届中国特色社会主义理论体系研究和宣传优秀成果奖

一 等 奖

通俗理论读物类（2项）

成果名称	申报人	申报者单位	出版(发表)日期
平易近人：习近平的语言力量	陈锡喜等	上海交通大学	上海交通大学出版社 2014年11月
大国方略——走向世界之路	顾 骏	上海大学	上海大学出版社 2015年7月

2016年11月16日　《大国方略——走向世界之路》获上海市第十一届中国特色社会主义理论体系研究和宣传优秀成果奖通俗理论读物类一等奖。

2018年11月16日　第二届四川省教师思政与教师发展研讨会在西南交通大学召开，顾骏、顾晓英应邀出席并分别作交流发言。

11月

November

九月廿七

2022年11月17日　教育部课程思政教学研究示范中心（上海大学）召开2021年度课程思政教改项目结项答辩会。

2023年11月17日　上海大学举办国史教育与课程思政教学能力提升研修班暨“国史进校园”专题研讨会，来自全国17所高校的60余名教师参加，朱佳木作主旨报告。

11月

November

星期一　Monday

17日

九月廿八

2014年11月18日　2014—2015学年冬季学期“大国方略”第一课“中国是一个大国吗？”开讲（顾骏、顾晓英主讲）。

11月

November

星期二　Tuesday

18日

九月廿九

记事

2016年11月19日　顾骏、顾晓英出席在华东政法大学召开的上海市从思政课程到课程思政——上海高校思想政治理论教育课程体系创建研讨会，顾骏应邀发言；全国“高校思政课教育教学供给侧结构性改革的思路与构想”学术研讨会暨第六届上海大学思政论坛在上海大学举办，忻平、顾骏、李梁、顾晓英等出席并交流“大国方略”系列课程开课经验。

2018年11月19日　顾晓英应邀在哈尔滨工程大学校院两级理论学习中心组（扩大）集体学习会上作题为“课程思政的实践与思考”的报告。

11月

November

星期三 Wednesday

19日

九月三十

记事

文匯報

海话 朗诵古诗庆双节

施还介绍说，这次活动共有38个个人和团体参加。其中中小学生有13个，最小的孩子六岁。成人中年龄最大的超过了70岁。

为中国大工匠立一群雕像

“品味”上海

2017年11月20日　《文汇报》刊登《为中国大工匠立一群雕像——〈创新路上大工匠〉体现主题出版物新理念》。

2023年11月20日　上海大学举办“红色经典进校园”暨迎评系列活动：“让革命故事走进教室”，上海大学终身教授、著名社会学家邓伟志讲述革命故事，激发学生报国之志，校党委常委、组织人事部常务副部长、组织处处长沈艺讲述上大校史，描绘上大未来。

11月

November

星期四　Thursday

20日

十月初一

记事

2018年11月21日　“智能法理”课程团队集体备课会，顾骏、许春明、顾晓英等出席。

11月

November

星期五 Friday

21日

十月初二

2022年11月22日　党的二十大精神进课堂：“能动天下”和“美丽中国”课程团队举行集体备课会，王勇、叶海涛、顾晓英等出席。

11月

November

星期六　Saturday

22日

十月初三　小雪

记事

2017年11月23日　2017—2018学年秋季学期“经国济民”第九课“解读中国之谜意义何在？”开讲（顾骏、陆甦颖、尹应凯、朱婷、顾晓英主讲）。

2023年11月23日　2022—2023学年冬季学期“美育中国”第一课“以美育代宗教——美育中国的百年历程”开讲（李超主讲）；北京大学教务长办公室副主任冯菲一行前来上海大学调研交流，顾晓英介绍“大国方略”系列课程建设经验和上海大学课程思政建设进程，杜晓庆、曹园园等出席。

11月 November

23日

十月初四

记事

2022年11月24日　上海大学组织教师在线参加教育部高校教师课程思政教学能力培训。

11月

November

星期一　Monday

24日

十月初五

2014年11月25日　2014—2015学年冬季学期“大国方略”第二课“中国梦，谁的梦？”开讲（忻平、顾晓英主讲）。

2015年11月25日　2015—2016学年冬季学期“创新中国”第一课“创新何以成大国重中之重？”开讲（顾骏、聂永有、顾晓英主讲）。

上海教育传媒

热点　政策　报道　评论　活动　在线教博　于漪学习专区　在家上学

上大“能动天下”“美丽中国”思政课即将开课，推动二十大精神进课堂

2022-11-25 15:49:23

2022年11月25日　“第一教育”报道《上大“能动天下”“美丽中国”思政课即将开课，推动二十大精神进课堂》的消息。

11月

November

星期二　Tuesday

25日

十月初六

记事

2018年11月26日　人文与科技——人工智能通识教育全国教学研讨会在上海大学召开；恰逢2018—2019学年冬季学期“人文智能”第一课“人工智能与传统思维如何结缘？”观摩课开讲（顾骏、张新鹏、张博锋主讲，顾晓英主持），与会者听课观摩。

2019年11月26日　2019—2020学年冬季学期“经国济民”第一课“中共政府的效率何来？”开讲，师生大合影。

November

星期三　Wednesday

26日

十月初七

2020年11月27日　上海大学机关党委举办教师思政工作沙龙，顾晓英应邀作题为“发挥教师积极性、主动性、创造性，加强课程思政领航校建设”的发言。

11月

November

星期四 Thursday

27日

十月初八

记事

2016年11月28日　首付游总裁张洁做客2016—2017学年冬季学期“创业人生”第一课“创业是寻找自己的过程”（刘寅斌主持）。

2022年11月28日　党的二十大精神融入大中小学思政课一体化建设签约仪式暨上海大学“红色校史经典”进中小学活动在上海大学举行，顾晓英、聂永有、陆永生、胡笑寒、马亮、白丽华等出席。

11月

November

星期五　Friday

28日

十月初九

记事

2019年11月29日　顾晓英在济南大学召开的山东省“金课”与课程思政建设研讨会上作报告。

2022年11月29日　2022—2023学年冬季学期“能动天下”思政选修课首课“‘能动天下’的背景、挑战和机遇”开讲（吴明红主讲，钱冬英致辞，聂永有讲述，顾晓英主持）。

2022年11月29日　2022—2023学年冬季学期“美丽中国”第一课“生态文明时代的来临”开讲（叶海涛主讲）。

11月

November

星期六 Saturday

29日

十月初十

2016年11月30日　2016—2017学年冬季学期“创新中国”第一课“创新何以是中国必经之路？”开讲（顾骏、聂永有主讲）。

2023年11月30日　2023—2024学年冬季学期“美育中国”第二课“美术生活——中国人生活中的美育传播”开讲（陈青、赵蕾、陆丹丹主讲）。

11月

November

星期日 Sunday

30日

十月十一

记事

2025

12月

December

2018年12月1日　北京理工大学召开“同向同行 教书育人 推进课程思政报告会”，顾晓英作专题报告，北京理工大学教务部部长栗苹主持。

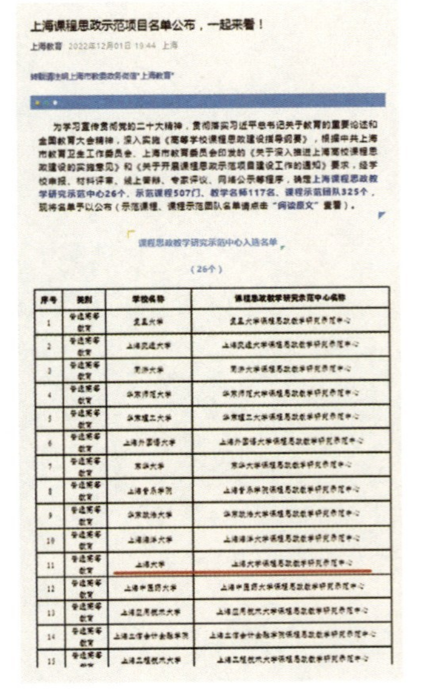

上海课程思政示范项目名单公布，一起来看！

上海教育 2022年12月01日 19:44 上海

转载源自上海市教委政务微信“上海教育”

为学习宣传贯彻党的二十大精神，贯彻落实习近平总书记关于教育的重要论述和全国教育大会精神，深入实施《高等学校课程思政建设指导纲要》，根据中共上海市教育卫生工作委员会、上海市教育委员会印发的《关于深入推进上海高校课程思政建设的实施意见》和《关于开展课程思政示范项目建设工作的通知》要求，经学校申报、材料评审、线上答辩、专家评议、网络公示等程序，确定上海课程思政教学研究示范中心26个、示范课程507门、教学名师117名、课程示范团队325个，现将名单予以公布（示范课程、课程示范团队名单请点击“阅读原文”查看）。

课程思政教学研究示范中心入选名单

（26个）

序号	类别	学校名称	课程思政教学研究示范中心名称
1	普通高等教育	复旦大学	复旦大学课程思政教学研究示范中心
2	普通高等教育	上海交通大学	上海交通大学课程思政教学研究示范中心
3	普通高等教育	同济大学	同济大学课程思政教学研究示范中心
4	普通高等教育	华东师范大学	华东师范大学课程思政教学研究示范中心
5	普通高等教育	华东理工大学	华东理工大学课程思政教学研究示范中心
6	普通高等教育	上海外国语大学	上海外国语大学课程思政教学研究示范中心
7	普通高等教育	东华大学	东华大学课程思政教学研究示范中心
8	普通高等教育	上海音乐学院	上海音乐学院课程思政教学研究示范中心
9	普通高等教育	华东政法大学	华东政法大学课程思政教学研究示范中心
10	普通高等教育	上海海洋大学	上海海洋大学课程思政教学研究示范中心
11	普通高等教育	上海大学	上海大学课程思政教学研究示范中心
12	普通高等教育	上海中医药大学	上海中医药大学课程思政教学研究示范中心
13	普通高等教育	上海应用技术大学	上海应用技术大学课程思政教学研究示范中心
14	普通高等教育	上海立信会计金融学院	上海立信会计金融学院课程思政教学研究示范中心
15	普通高等教育	上海工程技术大学	上海工程技术大学课程思政教学研究示范中心

2022年12月1日　“上海教育”报道《上海课程思政示范项目名单公布，一起来看！》的消息，上海大学“上海大学课程思政教学研究示范中心”入选上海市课程思政教学研究示范中心，叶志明、金波、肖俊杰入选上海市课程思政教学名师。

12月

December

星期一 Monday

1 日

十月十二

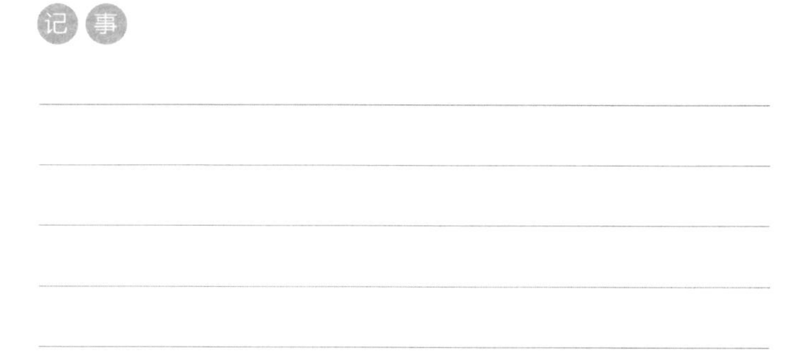

2014年12月2日　2014—2015学年冬季学期“大国方略”第三课“中国道路能引领世界吗？”开讲（李梁主讲）。

2015年12月2日　“创新中国”第二课集体备课；2015—2016学年冬季学期“创新中国”第二课“中国制造谁来造”开讲（李明、陈金波主讲，顾骏、顾晓英、赵东升主持）。

2020年12月2日　2020—2021学年冬季学期“光影中国”第一课“壮美的‘山川中国’”开讲（程波，著名纪录片导演、校友秦博和唐欣荣主讲，顾晓英主持）。

12月

December

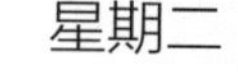

Tuesday

十月十三

2019年12月3日　2019—2020学年冬季学期，施鹰和上海金桥管委会主任党组书记杨晔联袂讲授“创新中国”课。

December

星期三　Wednesday

3 日

十月十四

记事

2023年12月4日　深蓝计划X主理人小程同学做客2023—2024学年冬季学期“创业人生”第三课“乡村生活理想圈·有趣青年in乡村”（刘寅斌主持）。

12月

December

星期四 Thursday

十月十五

2014年12月5日 “大国方略”课程团队集体备课，忻平、顾骏、顾晓英等出席。

2016年12月5日　“足记”CEO杨柳做客2016—2017学年冬季学期“创业人生”第二课“爱拼一定会赢吗？”（刘寅斌主持）。

2022年12月5日　上海政法学院召开课程思政领航学院建设经验交流研讨会，顾晓英应邀作线上经验分享。

12月 December

星期五 Friday

5 日

十月十六

2019年12月6日　时代音画暨课程思政教学研讨会召开。

2021年12月6日　2021—2022冬季学期“创新中国”第二课“新时代　大创新——贯彻党的十九届六中全会精神，落实新发展理念”开讲（戴世强、潘志浩、姚骏峰主讲，顾晓英主持）。

12月

December

星期六 Saturday

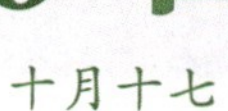

2016年12月7日　2016—2017学年冬季学期“创新中国”第二课“万众创新，谁是主体？”开讲（上海市科委总工程师傅国庆和施鹰主讲）。

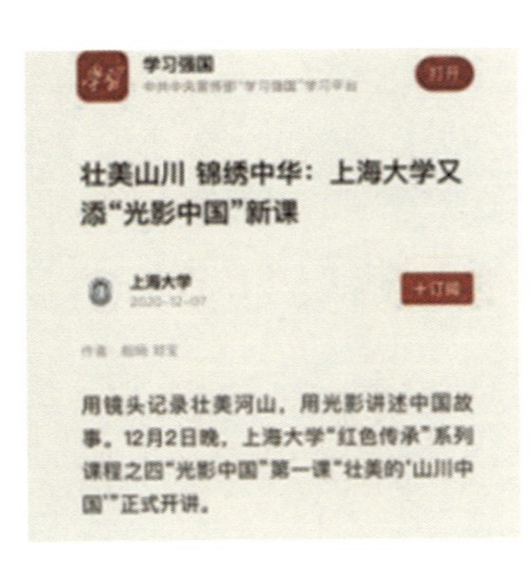

学习强国

打开

壮美山川 锦绣中华：上海大学又添“光影中国”新课

上海大学

2020-12-07

十订阅

用镜头记录壮美河山，用光影讲述中国故事。12月2日晚，上海大学“红色传承”系列课程之四“光影中国”第一课“壮美的‘山川中国’”正式开讲。

2020年12月7日　“学习强国”报道《壮美山川 锦绣中华：上海大学又添“光影中国”新课》的消息。

2023年12月7日　2023—2024学年冬季学期“美育中国”第三课“新兴艺术策源地——中国现代美术运动中的美育传播”开讲（秦瑞丽主讲），学生积极完成课堂作业。

12月

December

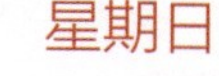

Sunday

十月十八　大雪

2016年12月8日　校长金东寒代表上海大学在全国高校思想政治工作会议上作题为“统筹育人资源，充分发挥思政课程价值，引领核心作用”的发言，央视新闻报道。

12月 December

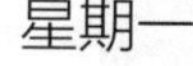

Monday

十月十九

2015年12月9日　2015—2016学年冬季学期“创新中国”第三课“创新中国，谁是主体？”开讲（上海市委宣传部副部长，上海市社联党组书记、专职副主席燕爽和陈付学主讲，顾骏、顾晓英主持）。

2020年12月9日　2020—2021学年冬季学期“光影中国”第二课“动人的‘城乡中国’”开讲（程波、同济大学汤惟杰主讲，顾晓英主持）。

12月

December

星期二 Tuesday

9日

十月二十

记事

2021年12月10日　西北工业大学召开课程思政线上研讨会，顾晓英作“新时代·优课程·大思政——来自上海大学的创新与探索”专题讲座。

12月

December

星期三　Wednesday

十月廿一

2014年12月11日　2014—2015学年冬季学期“大国方略”第四课“龙是Dragon吗？”开讲（李梁、顾晓英主讲）；中宣部副部长王世明一行来校调研，到“大国方略”课堂听课并作重要讲话。

2023年12月11日　北京世纪文景文化传播有限责任公司副总编辑贾忠贤做客2023—2024学年冬季学期“创业人生”第四课“像创业一样当编辑”（刘寅斌主持），吸引上海大学附属中学学生前来听课。

12月

December

星期四　Thursday

十月廿二

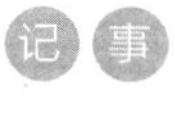

2016年12月12日　领寓国际社区CEO张爱华、上海大学悉尼工商学院副教授高杰做客2016—2017学年冬季学期“创业人生”第三课“创业只需要满足需求吗？”（刘寅斌主持）。

12月

December

星期五 Friday

12日

十月廿三

2017年12月13日　“创新中国”课程团队集体备课，上海大学党委书记金东寒出席；2017—2018学年冬季学期“创新中国”第一课“上海大学‘创新中国’公开课暨‘我的上大我创新’新生征文颁奖”开讲，上海大学校长金东寒、教务处处长彭章友、出版社社长戴骏豪、理学院党委书记盛万成、通信学院教授王国中出席（顾晓英、顾骏主持）。

12月

December

星期六 Saturday

13日

十月廿四

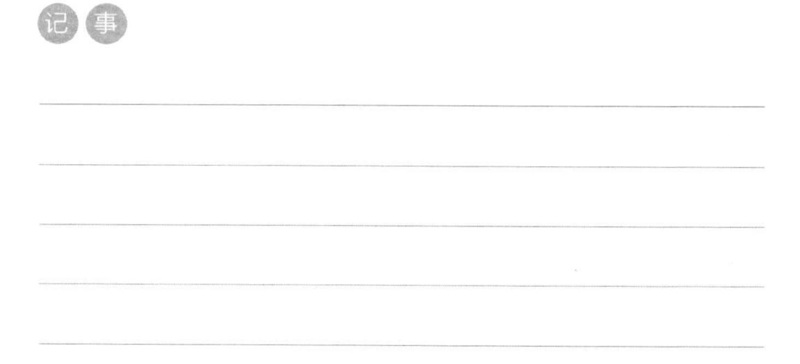

2016年12月14日　2016—2017学年冬季学期“创新中国”第三课“中国制造谁来造？”开讲（罗均、谢少荣、彭艳、蒲华燕、姚骏峰主讲）。

2023年12月14日　2023—2024学年冬季学期“美育中国”第四课“延安明灯——以人民为中心的美育理论与实践”开讲（蒋英主讲）。

12月

December

星期日 Sunday

14日

十月廿五

记事

2022年12月15日　上海大学、上海市学生德育发展中心承办首届上海市课程思政教学设计展示活动（研究生教育综合专业组），采取线上线下同步进行模式，上海大学党委常委、副校长聂清和副校长汪小帆致欢迎辞，上海市教委德育处处长朱敏线上出席并致辞，教育部课程思政教学研究示范中心（上海大学）负责人、上海大学教务部副部长顾晓英担任评委并主持整场比赛。

2023年12月15日　上海理工大学顾铮先工作室主持人顾铮先率工作室16位青年教师访问上海大学，走访顾晓英工作室，顾晓英、聂永有、马亮参与交流。

12月

December

星期一 Monday

15日

十月廿六

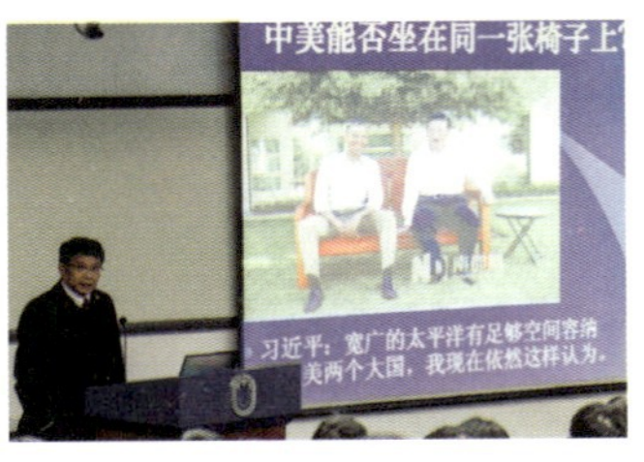

2014年12月16日　“大国方略”课程团队集体备课，王蔚、李梁、李华、顾晓英参与；2014—2015学年冬季学期“大国方略”第五课“中美能否坐在同一张椅子上？”开讲（李华、上海政法学院教授王蔚主讲）。

2015年12月16日　2015—2016学年冬季学期“创新中国”第四课“有BAT就是互联网强国了吗？”开讲（上海大学外籍教师Guy J. Abel和郭毅可、童维勤主讲，顾骏、顾晓英主持），上海大学附属中学的学生前来旁听并与教师团队合影。

12月

December

星期二 Tuesday

16日

十月廿七

记事

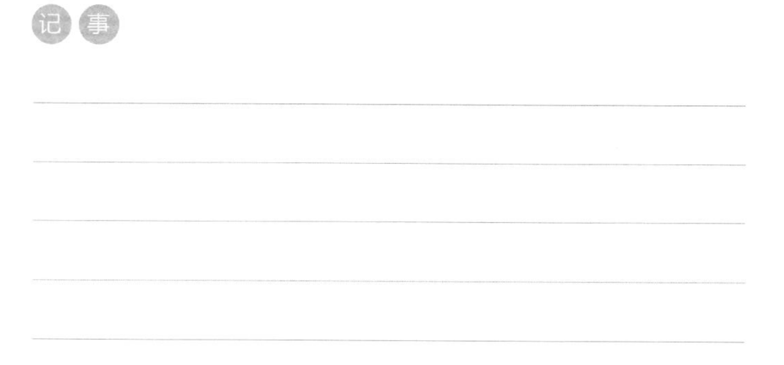

2014年12月17日　中央电视台报道上海大学“大国方略”课程（时长2分钟）。

12月

December

星期三 Wednesday

17日

十月廿八

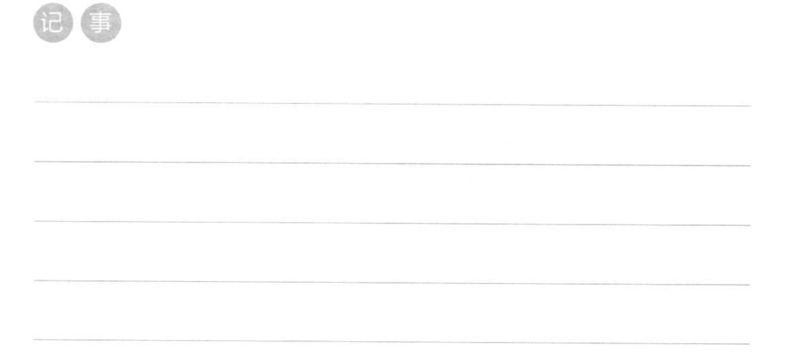

2016年12月18日　应用型本科高校思想政治理论课教学转型与教师教学能力提升交流研讨会在上海召开，顾晓英应邀作专题分享。

2019年12月18日　浙江师范大学召开全国高校德育工作课堂创新研讨会，顾晓英应邀作题为“做好课程思政 落实立德树人”的专题报告。

2023年12月18日　吴通控股集团总裁张建国做客2023—2024学年冬季学期“创业人生”第五课“企业转型框架下职业经理人管理融合思考”（刘寅斌主持）。

12月

December

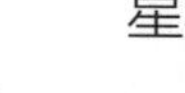
星期四　Thursday

18日

十月廿九

记事

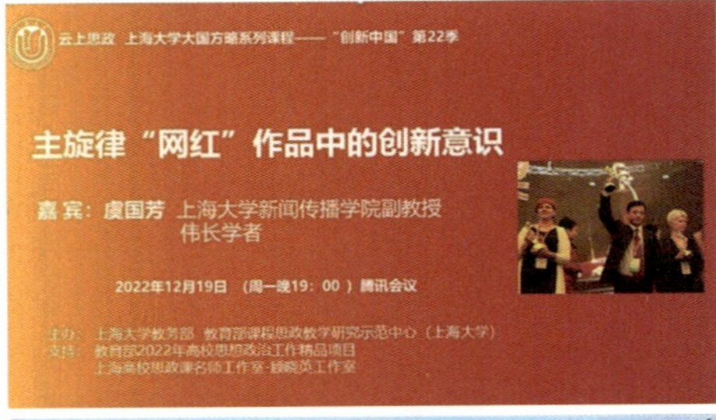

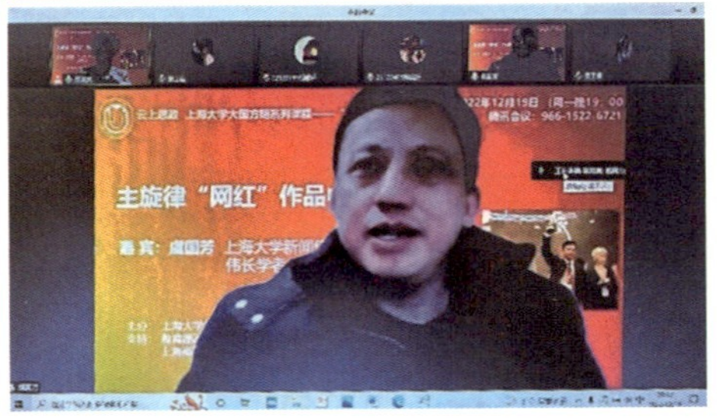

2022年12月19日　SML集团华东总经理、上海西文服饰公司董事总经理尚建卫做客2022—2023学年冬季学期“创业人生”第四课“如何抱着创业者的心态去打工？——从小职员到核心高管的职场之路”（刘寅斌主持）；2022—2023学年冬季学期“创新中国”第四课“主旋律‘网红’作品中的创新意识”线上开讲（虞国芳主讲）。

12月

December

星期五 Friday

19日

十月三十

记事

2017年12月20日　上海师范大学召开课程思政培训会，顾晓英应邀作专题报告。

2023年12月20日　上海大学本科教育教学审核评估专家进校第一天，教育部课程思政教学研究示范中心（上海大学）和各学院分中心联袂策划并制作展板，营造课程育人迎评氛围。

12月

December

星期六 Saturday

十一月初一

2014年12月21日
上海电视台报道《大学里的“大国方略”》的消息，时长12分钟。

2017年12月21日　2017—2018学年冬季学期“经国济民”第二课“‘中国之谜’与经济效率”开讲（詹宇波、赵金龙主讲，尹应凯主持）。

2021年12月21日　“示范领航　合力育人”——思政课+课程思政高质量建设论坛在上海大学举办。

12月

December

星期日 Sunday

21日

十一月初二 冬至

2018年12月22日　天津中德应用技术大学召开课程思政培训会，顾晓英应邀作专题报告。

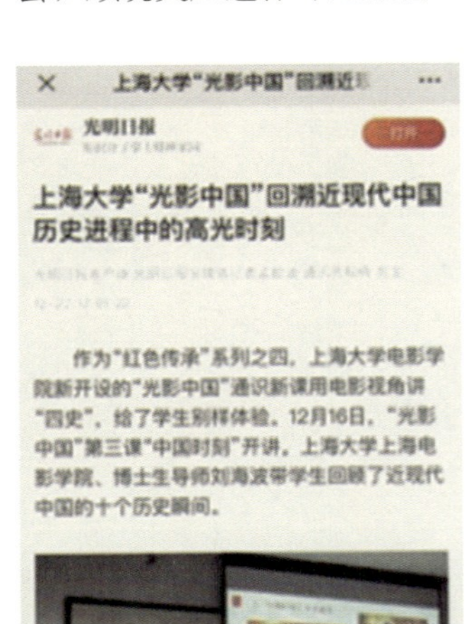

上海大学“光影中国”回溯近

光明日报

打开

上海大学“光影中国”回溯近现代中国历史进程中的高光时刻

作为“红色传承”系列之四，上海大学电影学院新开设的“光影中国”通识新课用电影视角讲“四史”，给了学生别样体验。12月16日，“光影中国”第三课“中国时刻”开讲。上海大学上海电影学院、博士生导师刘海波带学生回顾了近现代中国的十个历史瞬间。

2020年12月22日　“光明日报”报道《上海大学“光影中国”回溯近现代中国历史进程中的高光时刻》的消息。

12月

December

星期一 Monday

22日

十一月初三

记事

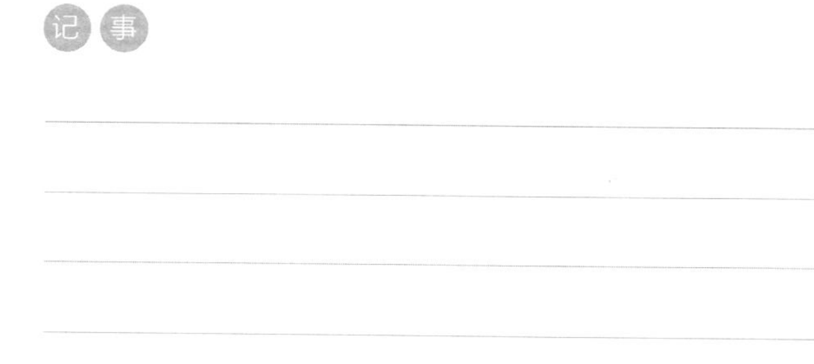

2014年12月23日　2014—2015学年冬季学期“大国方略”第六课“中国高铁驶向何方？”开讲（聂永有、焦成焕主讲）。

2015年12月23日　2015—2016学年冬季学期“创新中国”第五课“中国能有‘海莱坞’吗？”开讲（聂伟、金江波主讲，顾骏、顾晓英、赵冬升主持）。

光明日报

“示范领航 合力育人”思政课+课程思政高质量建设论坛在上海大学举办

光明日报客户端 孟歆迪 2021-12-23 19:14

12月21日，“示范领航 合力育人”思政课+课程思政高质量建设论坛在上海大学举办。来自上海交通大学、华东师范大学、同济大学、上海外国语大学等专家，上海大学部处、马克思主义学院和领航学院领导、示范课程负责人、名师工作室主持人等80余位教师参与。

2021年12月23日

“光明日报”报道《“示范领航　合力育人”思政课+课程思政高质量建设论坛在上海大学举办》的消息。

12月 December

星期二 Tuesday

23日

十一月初四

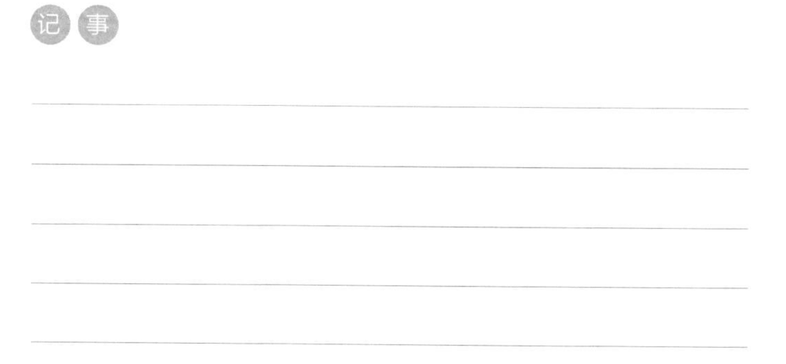

2019年12月24日　海马体创始人乌里、上海交通大学教职工摄影协会副会长周思未做客2019—2020学年冬季学期“创业人生”公开课（刘寅斌主持）。

上海教育传媒

热点　政策　报道　评论　活动　在线教培　于漪学习专区　在家上学

“示范领航 合力育人”——上海大学举办“思政课+课程思政”高质量建设论坛

第一教育 2021-12-24 17:41:29 作者：柳琴 编辑：蓉娜

记者 | 柳琴

12月21日，“示范领航 合力育人 思政课+课程思政高质量建设论坛”在上海大学宝山校区举办。上海市教卫工作党委副书记、市教委副主任闵辉，上海市教委德育处副处长杨长亮，教育部思想政治理论课教学指导委员会副主任委员、全国形势与政策分教指委主任委员高德毅，上海大学党委书记成旦红出席会议。来自上海交通大学、华东师范大学、同济大学、上海外国语大学等专家，上海大学部处、马克思主义学院和领航学院领导、示范课程负责人、名师工作室主持人等80余位教师参与。

“作为红色学府，我们的根是上大的红色血脉。这是我们立足当下，培养社会主义建设者和接班人非常重要的资源。”上海大学党委书记成旦红书记在致辞中指出，思政课和课程思政高质量建设务必要结合中国共产党人的精神谱系，把中国共产党早期领导人的风范和精神传承下去，作为教育学生的重要资源。

从2020年起，上海大学最新打造“光影中国”“中国芯路”等思政选修课程，融党史入课程。学校发起成立全国首家党史类课程联盟，湖南大学、嘉兴学院、延安大学、井冈山大学等10所高校加入，已连续举办4期异地实时共享课，讲好讲活伟大建党精神。至今，学校扎实开展课程思政领航校建设，已建设7个领航学院、13个领航团队和122门领航课程，遴选46门校级示范课程和58门党史学习教育与课程相融合试点课程，立项编撰6部市级专业类课程思政教学指南。2021年，学校成功入选教育部课程思政教育研究示范中心，叶志明教授领衔课程获评国家级课程思政示范课程、教学名师与教学团队。下一步，学校要精心打好组合拳，强化协同机制，凝聚思政课和课程思政建设合力，树标杆，创一流。

2021年12月24日　“第一教育”报道《“示范领航　合力育人”——上海大学举办“思政课+课程思政”高质量建设论坛》的消息。

12月

December

星期三 Wednesday

24日

十一月初五

文匯報

习近平作出重要指示

充分肯定海军372潜艇官兵群体先进事迹

三大金融措施支持企业“走出去”

中美能否坐在同一张椅子上，中国高铁将驶向何方，“一带一路”会带来什么……一门通识选修课竟让大学生们大呼“解渴”

“大国方略”课为何走红大学校园

行进中国·精彩故事

2014年12月25日 《文汇报》刊登《“大国方略”课为何走红大学校园》。

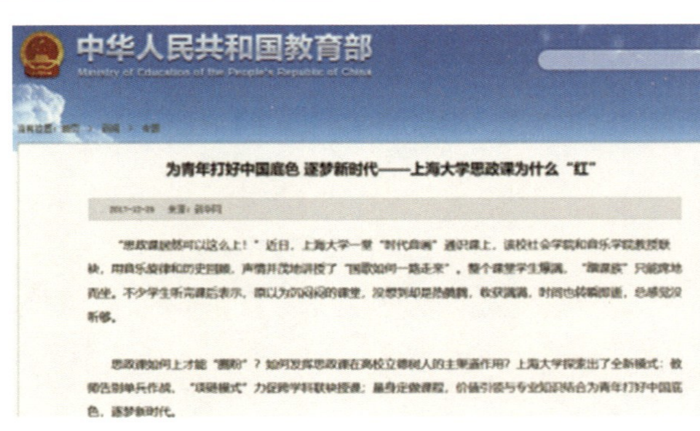

中华人民共和国教育部

Ministry of Education of the People's Republic of China

为青年打好中国底色 逐梦新时代——上海大学思政课为什么“红”

“思政课居然可以这么上！”近日，上海大学一堂“时代音画”通识课上，该校社会学院和音乐学院教授联袂，用音乐旋律和历史回顾，声情并茂地讲授了“国歌如何一路走来”，整个课堂学生爆满，“蹭课族”只能席地而坐。不少学生听完课后表示，原以为闷闷的课堂，没想到却是热腾腾，收获满满，时间也转瞬即逝，总感觉没听够。

思政课如何上才能“圈粉”？如何发挥思政课在高校立德树人的主渠道作用？上海大学探索出了全新模式：教师告别单兵作战，“项链模式”力促跨学科联袂授课；量身定做课程，价值引领与专业知识结合为青年打好中国底色，逐梦新时代。

2017年12月25日 “中华人民共和国教育部”报道《为青年打好中国底色 逐梦新时代——上海大学思政课为什么“红”》的消息。

2023年12月25日 秋田满满创始人&总裁黄帅做客2023—2024学年冬季学期“创业人生”第六课“90后小伙创业5年如何逆袭到母婴赛道头部”（刘寅斌主持）。

12月

December

星期四　Thursday

25日

十一月初六

记事

2016年12月26日　膜法世家创始人张目做客2016—2017学年冬季学期“创业人生”第五课。（刘寅斌主讲）。

2017年12月26日　“大国方略”课后，忻平教授与前来观摩的青年教师亲切交流。

12月

December

星期五 Friday

26日

十一月初七

记事

2017年12月27日　2017—2018学年冬季学期“创新中国”第三课“万众创新，谁是主体？”开讲（施鹰、上海社会科学院副院长何建华、浦东干部学院副教授李德主讲，顾晓英主持）。

12月

December

星期六 Saturday

27日

十一月初八

2016年12月28日　2016—2017学年冬季学期“创新中国”第五课“中国能有‘海莱坞’吗？”开讲（刘海波、王海松主讲）。

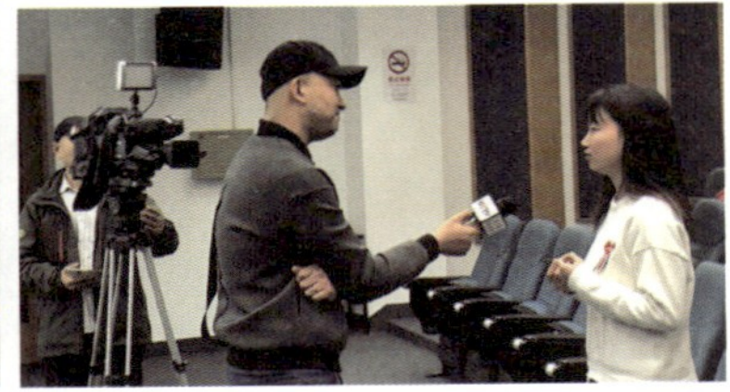

2017年12月28日　中央电视台记者拍摄顾骏主讲的“大国方略”课堂，采访马克思主义学院硕士研究生、课程助理李萌。

2020年12月28日　朱叶花做客2020—2021学年冬季学期“创业人生”第五课“这一路不容易”（刘寅斌主讲）。

12月

December

星期日　Sunday

28日

十一月初九

2020年12月29日　2020—2021学年冬季学期“创新中国”第五课“论文写作训练”开讲（楚海建、桂罗敏主讲，顾晓英主持）。

12月

December

星期一　Monday

29日

十一月初十

2014年12月30日　2014—2015学年冬季学期“大国方略”第七课“一带一路带来什么？”开讲（张丹华、顾晓英主讲）。

2015年12月30日　2015—2016学年冬季学期“创新中国”第六课“材料也有‘基因’吗？”开讲（罗宏杰、翟启杰主讲，顾骏、顾晓英主持）。

2020年12月30日　2020—2021学年冬季学期“光影中国”第五课“多彩中国”开讲（张斌主讲，王敏作分享，顾晓英主持）。

12月

December

星期二 Tuesday

30日

十一月十一

记事

12 文化 人民日报

上海大学开设"大国方略"课，帮助青年学子解读国情

思想政治课"换装"了

校训文化 润物无声

新语

"我眼中的西藏"影像大赛启动

2014年12月31日　《人民日报》刊登《上海大学开设"大国方略"课，帮助青年学子解读国情——思想政治课"换装"了》。

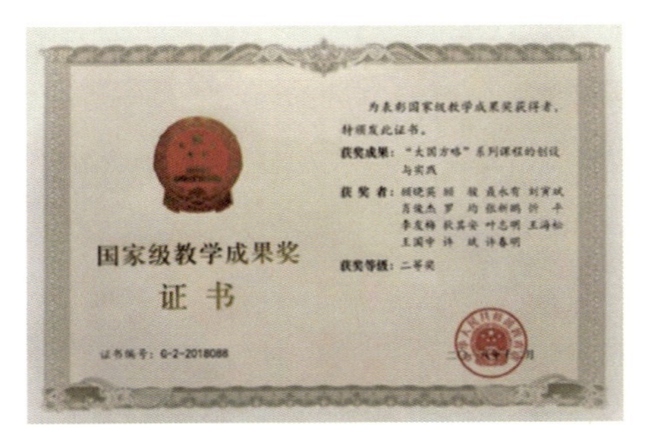

国家级教学成果奖

证书

为表彰国家级教学成果奖获得者，特颁发此证书。

获奖成果："大国方略"系列课程的创设与实践

获奖者：顾晓英 顾 骏 聂永有 刘寅斌 肖俊杰 罗 均 张新鹏 忻 平 李友梅 钱其安 叶志明 王海松 王国中 许 斌 许春明

获奖等级：二等奖

证书编号：G-2-2018088

2018年12月　"'大国方略'系列课程的创设与实践"获国家级教学成果奖二等奖。

2022年12月31日　上海大学举办课程思政示范课程结项评审暨微课展示活动，叶志明、上海中医药大学教授张黎声、上海应用技术大学教授李国娟、上海外国语大学王会花、华东师范大学谭红岩等担任评委。

12月

December

星期三 Wednesday

31日

十一月十二

记事

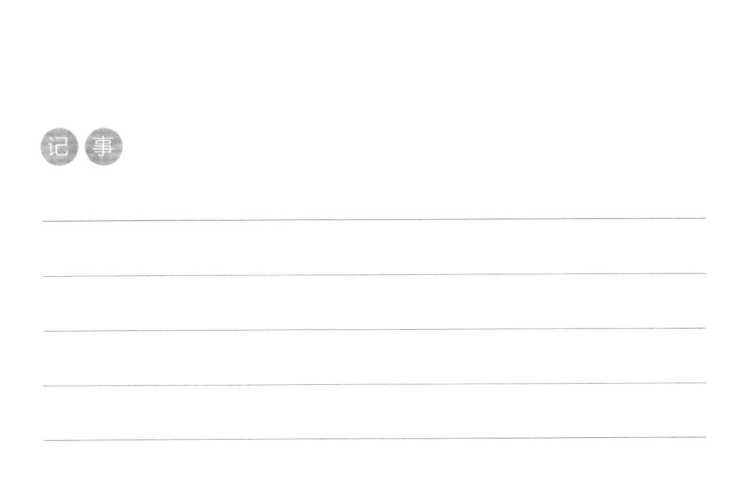
记事

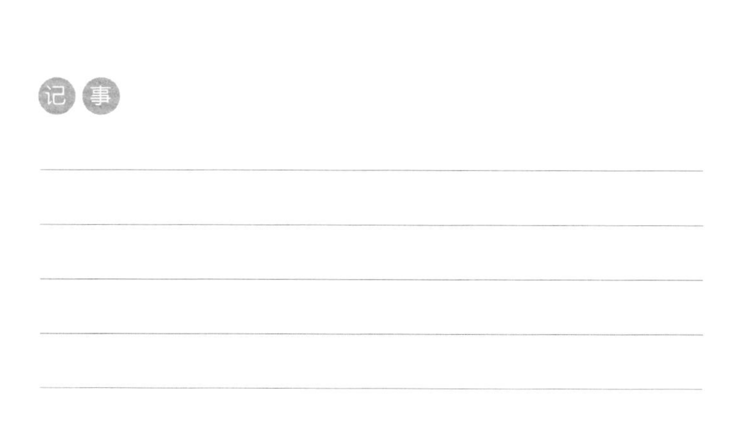
记事

记事

记事

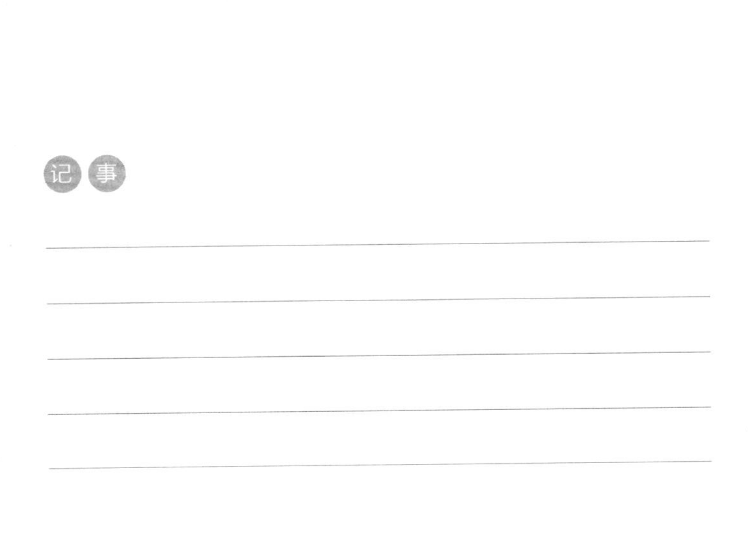
记事

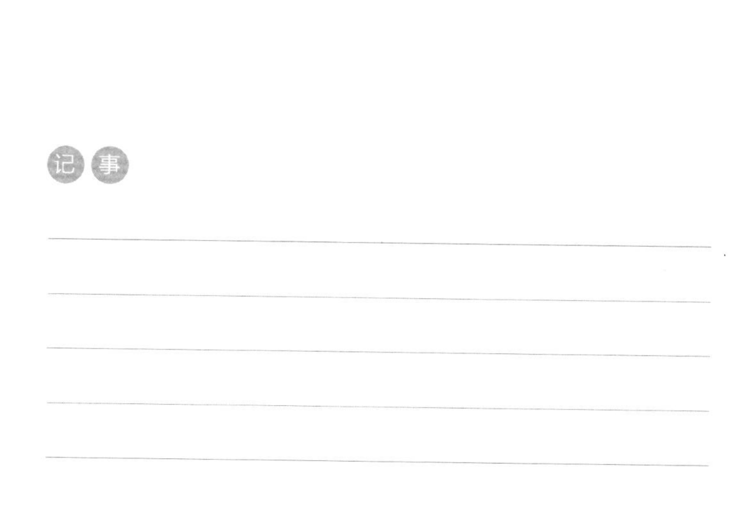
记事

图书在版编目（CIP）数据

我们这十年：大国方略系列课程记忆：2014-2024 / 顾晓英主编. -- 上海：上海大学出版社，2024. 11.
ISBN 978-7-5671-5105-5

Ⅰ. G641

中国国家版本馆CIP数据核字第20249N560P号

策划编辑　傅玉芳
责任编辑　杜　青　陈　叶
装帧设计　柯国富
技术编辑　金　鑫　钱宇坤

我们这十年——“大国方略”系列课程记忆（2014—2024）

主　编　顾晓英

出版发行　上海大学出版社
社　　址　上海市上大路 99 号
邮政编码　200444
网　　址　www.press.shu.edu.cn
发行热线　021—66135112
出 版 人　余　洋

印　　刷　上海颛辉印刷厂有限公司
经　　销　各地新华书店
开　　本　889mm × 1092mm　1/48
印　　张　16
字　　数　450 千字
版　　次　2024 年 11 月第 1 版
印　　次　2024 年 11 月第 1 次
书　　号　ISBN 978-7-5671-5105-5/G · 3641
定　　价　100.00 元